MEDIUNIDADE

e auto-estima

Revisão:
Maria Aparecida Amaral

Editoração Eletrônica:
Elifas Alves

Direção de Arte:
Luiz Antonio Gasparetto

Capa:
Luiz Antonio Gasparetto e Kátia Cabello

2ª edição
Junho • 2009
5.000 exemplares

Dados Internacionais de Catalogação na Publicação (CIP)
(Câmara Brasileira do Livro, SP, Brasil)

Martins, Maria Aparecida
Mediunidade e auto-estima / Maria Aparecida Martins. -- 2. ed rev.
São Paulo : Centro de Estudos Vida & Consciência Editora.
Bibliografia.
ISBN 978-85-85872-98-5
1. Auto-estima 2. Mediunidade I. Título.

09-05334 CDD-133.91

Índices para catálogo sistemático:
1. Auto-estima e mediunidade : Espiritismo 133.91

Publicação, Distribuição
Impressão e Acabamento
CENTRO DE ESTUDOS
VIDA & CONSCIÊNCIA EDITORA LTDA.

Rua Agostinho Gomes, 2312
Ipiranga • CEP 04206-001
São Paulo • SP • Brasil
Fone / Fax: (11) 3577-3200 / 3577-3201
E-mail: editora@vidaeconsciencia.com.br
Site: www.vidaeconsciencia.com.br

Maria Aparecida Martins

MEDIUNIDADE
e auto-estima

Editora Gráfica Vida & Consciência

Agradecimentos

Este trabalho se corporificou, graças a colaboração de muitas pessoas, muitas das quais nem me lembro mais o nome.

É! Os nomes se foram da minha lembrança, mas a experiência ocorreu e a aprendizagem ficou; então quero agradecer a todos os meus alunos e clientes, simbolicamente representados:

Andrea,
Érik,
Thiago e
Camila.

Meus primeiros alunos de vinte e quatro horas diárias de sensibilização conjunta, sem esquecer da minha editora pelo convite carinhoso e de todos os professores pelos quais passei, desta e de outras dimensões.

Abraço grannnnnnnnnde.

Maria Aparecida

Sumário

Apresentação

Este livro nasceu da minha experiência pedagógica, da atuação dentro das salas de aulas, das aulas em espaços culturais, da situação clínica, da atuação nos centros de estudos espiritualistas.

Não sou uma escritora, sou uma professora que escreve as próprias observações.

O estudo do mundo da fenomenologia mediúnica sempre me fascinou, havia um forte apelo interno, anos na Federação Espírita, repartidos com estudos universitários, com vivência nos "Caminheiros" (Centro de Desenvolvimento Espiritual), pesquisas em grupos kardecistas, umbandistas e outros. O material coletado era farto, as experiências que se passavam diante dos meus olhos, quase inexplicáveis, mas uma mente perquiridora, analítica pedia mais e comparava, analisava, classificava e o coração pelo gostar entrava no mesmo ritmo e rodopiava pelos salões do conhecimento na canção da integração; estava clareando o meu horizonte, juntar aquilo que eu havia aprendido nos bancos universitários, nas experiências dos centros, nas escolas oficiais e mediúnicas como quem usa vários ingredientes para fazer um bolo, afinal tudo apontava na minha vida para uma única direção: aprendizagem.

Um dia surgiu o primeiro convite:

— Aparecida, venha trabalhar conosco, venha ensinar as crianças do centro, você pode fazer isso sossegada, você é professora.

Fiquei sem jeito de dizer não, na ocasião, e fui; mas não demorou muito e veio um segundo convite, nosso orientador Luiz A.Gasparetto ia aprofundar seus estudos nas terras geladas da Rainha Elizabeth II:

— Aparecida, fique dando aulas no grupo de mediunidade enquanto eu estiver na Europa...

E de novo eu fiquei sem jeito. Como eu poderia substituir tão magnífico orientador? Me senti constrangida, mas ele não deu a menor importância para o meu constrangimento, subiu no avião e rumou para Londres.

Entrei na classe onde estou até hoje, atuando num Laboratório de Mediunidade há mais de trinta anos;

> tempo de experimentações,
> tempo de realizações,
> tempo de estudo ao vivo,
> tempo de conexão entre duas dimensões (física e extrafísica).

A idéia de integração de conhecimentos corporificou, fui notando que a cada dia se aclaravam, o fenômeno mediúnico chamado habitualmente de transe, trazia à dimensão terrena consciências extrafísicas, entidades, gente que já havia desencarnado, qualquer que seja o nome escolhido, uma coisa ficava bem clara, era gente e gente muito próxima da nossa experiência de vida: gente alegre, gente triste, gente preocupada, gente briguenta, era gente como a gente; era gente de um psiquismo igual ao nosso, com emoções, com sensações, com pensamentos e lembranças. Senti-me o próprio Colombo descobrindo um novo caminho, eu havia estudado até o meu possível a psique humana e as entidades que se manifestavam através do fenômeno mediúnico de psicofonia (mais conhecido como incorporação) eram psiques humanas desencarnadas. Os princípios psicológicos eram os mesmos, porque o psiquismo era o mesmo.

Pronto!!! Estava feita a primeira conexão, a idéia embrionária passou a ganhar consistência e parte disso quero repartir com você amigo leitor, como já fiz anteriormente, contando com a colaboração de Alcli, um aluno especial, um meio-aluno meio-cliente, daí seu nome, nascido do questionamento da classe, da incredulidade do cliente, da sua busca pelo compreender-se melhor. Alcli é uma simbologia dos alunos humanos, Alcli é uma forma-pensamento que através do meu lápis ganha espaço entre nós.

Buscando ser útil, vou fazer um relato parcial dos meus estudos.

Uma auto-estima saudável tem raízes na alma

Conceituando *auto-estima:*

"*O julgamento que faço de mim mesma*".

Nenhum julgamento é tão importante para mim, quanto aquele que eu faço de mim mesma.

Pense! Você se sente à vontade para afirmar:

Sou inteligente!
Sou confiante nas minhas idéias!
Sou capaz, competente!
Sou criativa!
Sou responsável por mim!
Sou responsável por minhas realizações!

— *Chiii! Hoje você veio pretensiosa...*

— Pretensiosa por quê? Alcli, meu amigo, seu eu não acreditar em mim, na minha capacidade... Como vou realizar sem autoconfiança?

— *Bem! Não foi isso que eu quis dizer, mas o seu jeito de falar...*

sua inteligência, competência, criatividade... são coisaa de gente convencida.

— Já sei! É feio me convencer das minhas virtudes, bonito seria se eu estivesse dizendo que não sou capaz de, que sou burra, que não tenho criatividade... É cultural. Na nossa cultura aprendemos que nascemos em pecado original o que é uma idéia oposta a uma boa dose de auto-estima saudável, ingressamos no mundo sob o signo da culpa... mesmo que não tenhamos nada contra nós.

Aprendemos a reconhecer a condição de sermos inteligentes e capazes como pretensão. Fomos crescendo num clima de "não seja exibido" e quando na escola figurávamos entre os melhores, alguém sempre diminuía nosso brilho.

— "Ah! Ela é a queridinha da professora." Ninguém dizia: ela estuda bastante. Fomos aprendendo a encolher o próprio brilho como se fosse feio ter qualidades e mais feio ainda reconhecê-las e quase pecado valorizá-las.

Fomos ensinados a rejeitar as raízes da nossa auto-estima:

a autoconfiança,
a auto-apreciação,
a crença em si,
o "eu me garanto",
o sentimento de ser capaz.

Aprendemos isto no ambiente onde vivemos. Passe em revista suas memórias, de casa:

Papai era uma pessoa que confiava bastante na vida?
A mamãe era uma mulher realizada? Profissionalmente? Feliz?

Lembra-se da fala mais constante da mamãe? Ou do ditado que papai repetia com freqüência?

Faça uma revisão dos comentários mais freqüentes.

Procure recordar se você era mais elogiado ou criticado.

Na escola como as coisas se passavam?

Seus amigos eram bem recebidos em casa?

O meu pai sempre dizia: *C'est la vie!* (É a vida!) num tom de voz que trazia uma grande conformação.

Feita a revisão, pegue um peneira — "ISO 9.000 de controle de qualidade" e passe todas as lembranças por ela e guarde apenas o que for útil, feito roupa no armário, não adianta guardar o que não tem finalidade, só ocupa espaço. Desentulhe a mente de coisas que não têm mais utilidade, para obter um espaço útil para guardar:

sua fé que dará conta dos desafios da vida,

sua confiança no direito de vencer e

sua coragem de se reconhecer um filho de Deus.

Com mais confiança eu tenho uma auto-estima mais elevada.

Com uma estima mais elevada, é mais viável que eu continue diante dos desafios. Se eu continuo tentando, a possibilidade de atingir meu objetivo é maior e eu reforço o meu conceito sobre mim; mas o contrário também é verdadeiro, isto é, se não confio, nem tento, se não tento, não consigo e não conseguindo me sinto um fracasso e também reforço essa auto-imagem.

Nossa estima influencia nossos atos e nossos atos influenciam nossa auto-estima, boa ou ruim. É uma bola de neve.

Nossa auto-estima saudável ou doente é feita de idéias e pensamentos sobre nós mesmos.

— *E o que você quer dizer com isso?*

— Estou afirmando que uma pessoa de auto-estima saudável, tem pensamentos saudáveis, tem sentimentos saudáveis e, tais pensamentos e sentimentos têm uma freqüência também saudável, enquanto a pessoa de auto-estima doente tem pensamentos, sentimentos doentes e uma freqüência doente.

O saudável atrai e é atraído pelo saudável. Nos relacionamentos isso é absolutamente verdadeiro; atrairmos situações nutritivas ou intoxicantes, é uma questão de sintonia, de ter a mesma freqüência, de jogar no mesmo time.

O homem é um pacote energético, atuamos em vários níveis simultaneamente; no nível físico, o corpo atua no meio mais denso; o nível etérico que faz o elo entre o universo físico e o extrafísico, uma espécie de cola energética, sem a qual não acontecem os fenômenos físicos de mediunidade; o campo etérico é um depósito de ectoplasma que nos permite viver na matéria; no nível astral, temos o endereço dos nossos desejos, das emoções, de todo o sentir, nossa memória também tem parte abrigada neste campo;

o nível mental abriga toda a gama do pensar, da imaginação, da fantasia, abriga nossos condicionamentos, nossas formas-pensamento, as amebas, as crenças. É em nosso campo mental que tem origem todos os nossos elos com encarnados ou desencarnados. O trabalho mediúnico, o intercâmbio entre as consciências físicas e extrafísicas apóiam-se na mente.

Faz-se necessário ao homem compreender que seu pensamento é força, imagem viva no campo mental, que encarnados ou desencarnados temos mente atuante.

— *Desencarnados têm mente atuante?*

— Claro! Saiba Alcli que encarnado ou não, vivendo na esfera terrena ou noutra dimensão o homem tem um psiquismo, uma forma de compreender e expressar-se.

— *Você está querendo dizer que a pessoa que já morreu tem psiquismo?*

— É isso mesmo! Tem psiquismo ou tem alma, ela muda de lugar de viver como quem muda de casa. Diga-me rapaz, quando você muda de casa, muda o seu jeito de encarar a vida?

— *Não, eu continuo o mesmo.*

— Também aqueles que partem, que desencarnam, continuam exatamente do ponto onde estavam; e há casos muito curiosos, têm aqueles que nem percebem a passagem. Como há a sensação da vida, a sensação do estar vivo, não percebem que estão vivos em outra dimensão, no mundo astral.

— *Mas isso é muito louco.*

— Até pode parecer, mas é exatamente assim que alguns se manifestam nas sessões espíritas, com medo de morrer. Eles não perceberam o passar de dimensão física para a dimensão extrafísica.

— *Entendi! Somos apenas o que podemos entender.*

— Não entendeu! Não foi isso que eu disse. Somos muito mais do que podemos entender. Somos também o que podemos sentir, somos nossos *insigth´s*, nossas sensações, nossos sentimentos, nossas emoções, somos a Vida. Estamos na grande teia da Vida unidos a tudo e a todos, somos deuses embrionários.

— *Deuses embrionários?*

— Claro! Se sou filho do Grande Criador, sou um criador em potencial.

— *Olha! Eu até gosto de conversar com você, sempre eu aprendo alguma coisa, mas agora está ficando difícil pensar que sou um deus embrionário.*

— É porque sua auto-estima não é das melhores; lá na Bíblia já está escrito de há muito "Vós sois deuses", você é que não leu, e se leu não acreditou.

— *Que é Bíblia?*

— Ai! Não leu. A Bíblia é um livro muito badalado no Ocidente, é a síntese da Antiguidade.

— *Que é Antiguidade?*

— Uma consulta a qualquer biblioteca lhe fará bem Alcli. Tenho algo mais pra dizer, mas será que vale a pena?

— *Não me subestime só porque não conheço a Bíblia, o livro está apenas começando...*

— É verdade! Você está certo. Eu sou um deus embrionário, e você também é, mas mais do que saber disso é preciso viver isso, tornar essa fala uma situação existencial. Vamos retomar "Vós sois deuses", quer dizer que temos um potencial criativo divino dentro de nós; quer dizer que o universo tangível é a Vida se espraiando para experimentar-se como mente, energia ou matéria.

— *Quer dizer que toda a criação é uma composição de processos através dos quais o espírito se expressa?*

— É isso mesmo. Temos o Espírito, a Vertente da Vida, a movimentar-se em nós e através de nós. A compreensão desse fato foi uma das grandes descobertas da minha vida, compreender que Deus não mora lá fora, lá longe, lá distante, mas que Deus mora em mim...ainda que embrionário, mas está aqui comigo, que é a Essência do meu ser. Essa idéia foi se achegando aos poucos depois de reflexões, de meditações; havia momentos que me soava como pretensão — "Imagina! Deus em mim!".

Era fácil falar da Onipresença (Deus presente em toda a parte) porque se Deus está presente em tudo, há de estar também em mim; falar, fazer o intelecto acolher esta idéia era fácil, difícil era acolher a idéia no meu coração, conviver com essa idéia no cotidiano, era preciso quebrar velhos condicionamentos para fazer de Deus um amigo próximo, uma Força atuante em mim, difícil era agir acreditando com alma que quando eu atuo Deus atua através de mim, que quando eu faço, Deus faz através de mim.

Aos poucos fui percebendo que esta é uma velha escola do pensamento humano. Aí fui ficando mais convicta, porque outros já acreditavam desde há muito. Veja, Alcli, era preciso que os outros acreditassem para que eu me permitisse acreditar, nessa época a minha consideração por aquilo que fazia sentido para mim não vinha de dentro, vinha de fora. Se os outros acreditassem eu acreditava, se os outros não acreditassem... eu não podia acreditar também. Tudo era muito calcado no fora. E lá fora encontrei um grupo que ensina que tudo vem de um Único Ser — o Ser básico — que a Natureza não é senão vários graus da Sua manifestação, expressão ou emanação.

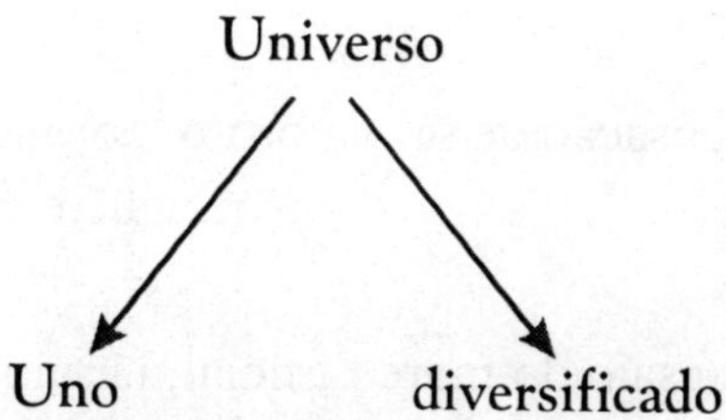

Hoje reconheço a vida como um rio, uma correnteza que vem da Grande Fonte, cuja natureza me é desconhecida. Cada cultura dá um nome à Vertente da Vida e busca explicá-la de alguma forma, aparecem muitas teorias, mas todas estão de acordo num ponto: a Fonte é Única.

Deus é único, nada existe fora Dele, nem matéria, nem energia, nem mente, nem nada.

— *Nada? Nadinha?*

— Nada. Tudo pertence à vida, à Criação Divina, inclusive você, o leitor e eu.

— *E o que esse pensar tem a ver com auto-estima?*

— Veja! Se eu abrigo Deus, a Fonte da Vida em mim, se minha alma é Deus em mim, se trago isso para o meu cotidiano fica muito difícil eu não fazer um bom julgamento de mim. Quando no ponto inicial já admito que não vou fazer nada sozinho, que carrego uma Força Divina comigo, já tenho mais motivos para confiar:

> em mim, porque sou uno com Deus;
>
> na minha capacidade de pensar, porque penso com Deus;
>
> que posso dar conta do recado, porque Deus me ampara;
>
> no meu direito de vencer, porque meu Pai me criou para a plenitude;
>
> na sensação de ser valoroso, porque Deus não criou ninguém de segunda linha.

Quando eu saio do marco inicial, já saio com esse nível de confiança, e nesse nível de confiança a conquista da auto-estima é só uma questão de tempo.

— *Uma conquista?*

— Sim meu jovem, uma conquista, não é um presente, não cai do céu, é uma conquista que depende do uso adequado da nossa consciência na interação de nossos elementos mentais, emocionais, físicos e espirituais. Nos bancos universitários aprendi que ocorre a interação entre emoção e físico. Além dos bancos universitários a Gestalt alertava que o todo é mais do que a soma das partes; mas de que partes se o Espírito do homem fica do lado de fora da abordagem? Estudando Bioenergética onde se discute o corpo em terapia, ainda o Espírito fica para fora do consultório.

É hora de recolher esse banido, o Espírito, para dentro do

nosso campo de estudo, do nosso consultório, do nosso laboratório, do nosso cotidiano.

Imagine como será o dia que cada qual for trabalhar na indústria, no comércio, na escola levando a consciência que ali há um deus trabalhando; quando você for entrar na classe e ao discorrer seu tema, o olhar para os olhos do seu aluno lembrando que aqueles são olhos divinos, talvez inconscientes da própria divindade... mas divinos... quando você abraçar o seu filho lembrando que ele é um deus vivo, agora numa experiência a seu lado. Enquanto esse dia não chega para todos, ativo essa chama divina em mim através da confiança de que eu e Deus fazemos uma bela dupla.

Convém lembrar que o uso adequado dessa consciência não é automático, é aprendido, é experimentado, é treinado.

— *Uso adequado... treinado... parece que não captei a mensagem.*

— Sem pressa! Quero saber o que você entendeu de auto-estima?

— *É uma grande confiança em mim, mas esse mim não é um "eu-zinho" qualquer, é um mim com raízes no Absoluto, com raízes em Deus.*

— Parabéns, você já sabe mais que 90% da população do globo.

Auto-estima saudável é a confiança em mim. O que fica muito mais fácil se eu abraçar a idéia que "eu e o Pai somos um".

Quando cremos nessa parceria, nessa unidade, nessa unicidade, que vai além dos nossos neurônios, temos mais confiança porque não nos sentimos sozinhos na experiência do crescimento pessoal.

Quando cremos nessa parceria o sentimento de ser capaz transita mais facilmente em nosso ser, mobilizando nossas energias rumo à realização com mais facilidade, como a pipa que se deixa levar pelo vento porque tem um fio que a liga ao Criador.

Confiar é ter um fio atado ao Criador, é fazer Dele um parceiro na minha criação cotidiana, então entendo que posso co-criar e ao final de cada composição posso assinar embaixo "nós".

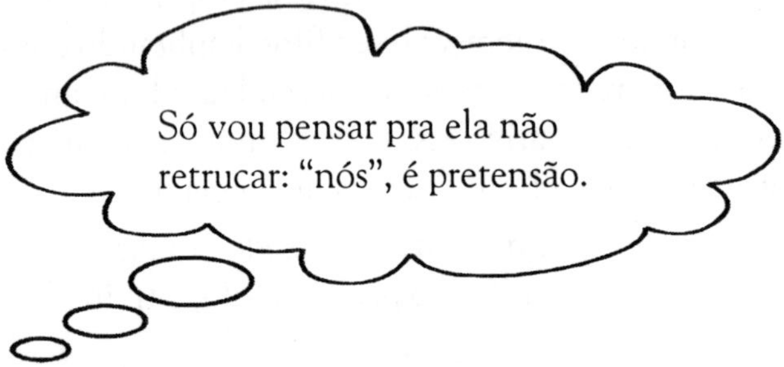

— Você está tão pensativo Alcli. Gostaria de repartir comigo sua reflexão?

— *Não!*

Formação da nossa auto-estima

Começou lá atrás, as primeiras noções nem lembramos quando, mas vêm da infância, desde muito pequeninos, quando chegamos na idade de seis ou sete anos, nossa auto-imagem estava amplamente delineada. Certamente nossos mestres acrescentaram suas contribuições, mas as raízes foram plantadas em nossos lares.

No nível da auto-estima dos pais, tem origem a auto-estima dos filhos. Pais de auto-estima elevada contribuem para que a auto-estima de seus filhos também seja elevada, mas o contrário também é verdadeiro, pais descrentes, ausentes ou desesperançados vão ofertar o quê? Pais de relacionamento conturbado ofertam seus conflitos para os pimpolhos e as crianças nos primeiros anos de vida são muito dependentes de seus pais. Há sim aqueles espíritos que reencarnam e furam a regra. Tive diversos alunos que vinham de lares em ruínas, pai alcoólatra e mãe neurótica e ele, o aluno, se conduzia muito bem na escola. Lembro-me de uma criança que além disso, era mal nutrida, de aspecto frágil, a impressão é que ela não agüentaria o vento, mas contrariando as aparências e fatos, agüentou o ano todo o frio, o sol, a chuva, a programação escolar levou brilhantemente e quando se foi, deixou saudades; mas a maioria não tem esse padrão de resistência, copia o modelo dos pais, no qual o padrão de segurança dos filhos fica muito ameaçado.

Indubitavelmente os pais são os primeiros modelos, os primeiros professores, e não é ao acaso que a Constituição apregoa que a educação será dada no lar e na escola.

Agora procure as noções que recebemos em casa e na escola, ou no catecismo ou em qualquer outro espaço social que nos indicasse a idéia que Deus vive em nós participando de nossas atitudes, de cada sentimento, de cada pensamento. Que a alma é Deus em nós, que a alma é a Essência rodeada dos princípios mentais, que não estamos separados do Criador, mas mergulhados na Sua emanação como os peixes no mar, que pertencemos à Divindade como as células que pertencem ao corpo, que a nossa inteligência não é isolada da Inteligência Divina, que a nossa consciência não é apartada da Consciência Cósmica.

Todo filho geneticamente recebe uma herança do pai... Recebemos o signo da criação, por isso somos co-criadores com Deus; todos nós somos co-criadores.

— *Eu também?*

— Claro, Alcli! Ninguém ficou de fora, simplesmente não há nada nem ninguém fora da criação. Tudo é Criação Divina.

—*Tudo? Até as coisas erradas?*

— Não há duas vertentes de Vida, tudo é o Uno diversificado compondo o Universo, tudo faz parte do Todo. É a idéia do Tao no pensar chinês, ou a idéia da "teia" que tudo une, no pensar do pessoal da Física das partículas. Diga-me menino: você aprendeu esse pensar na sua escola?

— *Nunca!*

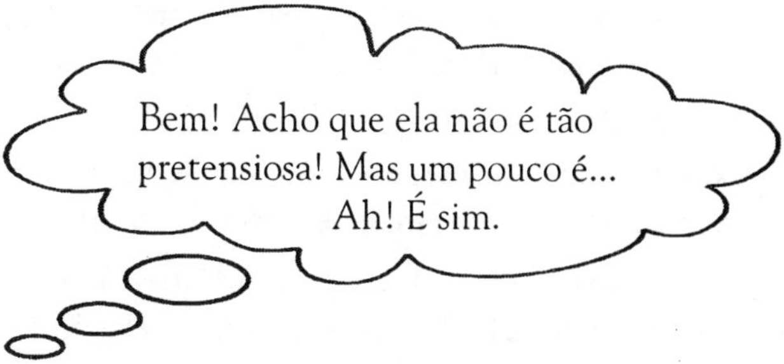

Lá atrás na infância quando o bebê começou a andar, calçar, vestir, amarrar os tênis foi colhendo as informações do mundo ao seu redor. Informações encorajadoras ou desencorajadoras sobre si mesmo e foi arquivando-as.

Observe:

Márcio calçou os tênis com os pés trocados e foi mostrar seu intento para a mamãe que o acolheu com um imenso abraço e num sorriso confiante exclamou:

— Que bom! Meu homenzinho já sabe calçar seus próprios tênis, agora vamos aprender qual tênis pertence a cada pé.

Num clima de generosidade ambos valorizam o fato de que o menino reconhecera os próprios tênis e os calçara.

Na outra situação: Lúcio também repete o mesmo feito, tênis em pés trocados que também vai mostrar à sua mãe que observa e em tom de crítica retruca:

— Você não serve nem para colocar o tênis, não viu que estão trocados?

Que julgamento cada mãe passou para seu filho? Que julgamento cada criança guardou de si mesma?

Os fatos vão se repetindo, a criança vai crescendo e vai

assimilando o julgamento daqueles que o cercam; esse julgamento vem de fora, mas contribui para que ela faça um julgamento de si, uma auto-imagem.

Até onde pude observar, em mim, na escola ou na clínica, a auto-imagem é formada por fatores externos e internos.

Aprendemos primeiro com os adultos à nossa volta, assimilando aquilo que eles pensavam a nosso respeito:

se nos viam como lerdos,
se nos viam como inteligentes,
se nos viam como capazes,
se nos viam como desatentos,
se nos viam como preguiçosos... amáveis, gentis,
ou incapazes.

Pintaram um quadro a nosso respeito com as tintas que tinham disponíveis na época e muitos de nós guarda essa imagem até hoje. As sementes da nossa autoconfiança foram plantadas na infância, mas nada impede que agora façamos uma renovação em nosso jardim.

Se não aprendemos lá atrás a confiar em nós, em Deus, na Vida, podemos iniciar este exercício agora.

Podemos escolher entre uma nova postura de confiança ou manter aquela imagem feita através dos olhos dos outros.

— *Quando você diz: podemos escolher, você está falando de componentes internos?*

— Ótimo! É isso mesmo! Alcli, escolha acreditar em você porque não há sucesso permanente sem autoconfiança. Observe o artista de sucesso, o empresário de sucesso, o médium de sucesso.

— *Médium tem sucesso?*

— Tem! Sucesso é aquilo que sucede, é um acontecimento, é um resultado feliz; quando meu primeiro bebê nasceu, o médico exclamou: o "parto foi um sucesso". Entendeu?

— *Entendi o que é sucesso: um resultado feliz, mas não entendi o que você quis dizer com "médium de sucesso".*

— Médium bem-sucedido. Entenda médium como pessoa de uma sensibilidade maior, que capta impressões do universo energético que nos rodeia em suas múltiplas dimensões. A mediunidade é uma faculdade natural do ser, é um jeito de perceber os elementos mais sutis que compõem a Natureza.

— *Sempre pensei que mediunidade fosse coisa de espíritas, fosse coisa de seita religiosa.*

— Não é coisa de espíritas, é uma capacidade do ser, que habitualmente é estudada pelos espíritas, o único grupo que se dedica a pesquisas nessa área, nunca vi outro grupo atento a esse tema. Tenho observado que se dedicam a esse tipo de estudo, aqueles que são portadores de uma sensibilidade mais acentuada, é mais ou menos como procurar agasalho quando se tem frio, por que procurar calefação para a residência quando se mora em país tropical?

— *É comum que se busque respostas apenas quando nos deparamos com a situação?*

— É o mais comum... é quando essa capacidade se instala, que vamos percebê-la, tateá-la, antes só ouvimos falar das "estranhices" dos médiuns...

Gente que vê coisas que ninguém vê,
gente que ouve vozes,
gente que tem premonição,
gente que escreve por compulsão,
que tem inspiração,

que entra em transe e fala com voz diferente,
que se sente flutuar,
que se vê fora do corpo,
que fala com gente que já morreu,
que tem sintomas físicos, sem causas comprovadas.

O território da mediunidade é muito vasto. Imagine que sem aviso prévio você comece a sentir coisas estranhas, ver cores ao redor das pessoas, ver vultos, conversar com gente que já morreu, ou qualquer outro fato no gênero. É no mínimo muito estranho, muito curioso.

O ser humano foi se desenvolvendo, atingindo novas etapas como quem sobe uma escada, degrau a degrau, e por certo seu processo evolutivo ainda não acabou. Esse crescer é lento, ditado pela natureza, por vezes suave, outras vezes atribulado, assim como o nascer do dentinho do bebê; às vezes o bebê fica irritado, e o dentinho nasce, outras vezes até tem febre e o dentinho nasce, o bebê fica manhoso, mas o dentinho nasce. É hora de o dentinho nascer, com harmonia, ou irritação é hora de o dentinho surgir.

É hora de se conquistar um novo estágio, uma nova dimensão, um novo sentido, com repercussões em todos os seus corpos sutis; é hora de tomar consciência de novas dimensões de si mesmo.

Vamos observar o bebê; no começo não é clara a consciência de si mesmo, aos poucos vai se autodescobrindo, olha para as mãozinhas, movimenta-as, põe os dedinhos na boca, vai crescendo, e através das múltiplas experiências vai se apercebendo de si e do ambiente que o cerca.

Agora é chegado o momento de alargar o campo de percepção, de perceber o universo energético que o cerca.

Freqüência vibratória

HUMANIDADE

Espiritual	*desconhecido*
Mental	*desconhecido*
Astral	*desconhecido*
Etérico	*desconhecido*
Raio cósmico	10 (26)
Raio gama	*quintilhões*
Raio X	*quadrilhões*
Luz-cor	*infravermelho... ultravioleta*
Calor	*bilhões*
Eletricidade	*milhões*
Som	*16 a 30 mil por segundo*
Sólido	*as mais lentas*

E você tem todas simultaneamente!!!

Nossos campos têm existência simultânea, mas nossa consciência vai abarcando-os gradativamente:

O corpo físico é o mais denso, é o visível, é o mais observado por seu dono, às vezes bem cuidado, outras nem tanto; passando para o corpo etérico as coisas ficam menos visíveis, entenda-o como uma emanação do corpo biológico, podendo ser notada através do calor. A temperatura do corpo medida pelo termômetro é uma emanação do corpo físico, uma outra leitura dessa emanação pode ser feita através da radiação elétrica. O duplo etérico hoje faz parte do campo da abordagem médica:

a ressonância magnética mapeia o corpo a partir das radiações,

o eletroencefalograma,

o magnetoencefalograma,

as tomografias,
o eletrocardiograma,
o teste ergométrico e
o ultra-som são mapeamentos da emanação do
corpo biológico, o duplo etérico.

O estudo do duplo é uma tendência dentro da área médica que vai aprimorar-se cada vez com maior acuidade.

— *Mas o pessoal da medicina não chama isso de duplo ou de campo etérico.*

— Essa nomenclatura não é usada, porque não existe essa compreensão, esse pensar filosófico, pois para você introduzir esse conceito na área médica será preciso antes definir o homem na sua amplitude como um ser espiritual, partindo da essência para a matéria e a medicina atual ainda não tem essa preocupação, o seu ângulo é mais pragmático, mas se você fizer um exame de dosagem hormonal, ele será elaborado a partir da eletroforese.

— *Que é isso?*

— É um método, um jeito de trabalhar no laboratório, que permite que se verifique a emanação hormonal a partir dos campos elétricos.

— *Será correto chamar o duplo etérico de duplo elétrico?*

— É uma outra forma de expressar a mesma idéia. Sabe menina nome é apenas nome, eu me importo mais com a essência das coisas. Você já ouviu aquela expressão "que importa o nome se a musa é bela?"

Vamos aos poucos percebendo a existência de nossos campos simultâneos, mas nem todas as pessoas despertam para esse fato ao mesmo tempo, assim como nem todos os dentinhos de bebê nascem da mesma forma, ou ao mesmo tempo em todos os bebês. O processo de crescimento em qualquer nível é sempre pessoal.

Agora note que para um cidadão comum pensar e viver experiências com as quais ele se depara de forma mais próxima com esse limiar da realidade, é necessário dar crédito à própria experiência.

> Você acreditaria serenamente em você se visse
> o duplo etérico de outra pessoa?
>
> Ou ficaria assustado?
>
> Surpreso?
>
> Ou sentiria medo?

Ouse avançar e admitir na composição do ser, mais um campo energético: o campo astral, ou das vontades, ou dos desejos, ou das emoções, o campo que é movido pelo meu "quero" ou "não quero", que trabalha com forças vitais de prazer e desprazer, ligado a nossos impulsos com toda a carga eletromagnética e química de atração, coesão e repulsão, em funcionamento simultâneo com o corpo físico e a mente.

Quando sinto perigo meu corpo reage a esse sentir. Observe seu corpo numa situação de perigo: você fica em estado de alerta, a respiração fica alterada, a pressão arterial alterada, os batimentos cardíacos disparam e você ganha mais adrenalina na corrente sangüinea. A instalação do estado de alerta muda a química do corpo.

O universo astral é tão real quanto o universo físico. Percebemos, sentimos a emoção; não a vemos, não a pesamos, nem a medimos. Observe que nossa percepção tem muitas nuances.

— Você já esteve flertando, paquerando num shopping por aí, Alcli?

— *Claro!*

— Então você sabe do que eu estou falando, dum movimento de energias, de um sentir, de um jogo magnético.

— *Uma paquera é um jogo de energias astrais?*

— Você entendeu direitinho. É a atração, a coesão ou repulsão no ar, em clima de paquera. Note que a atuação abrange todos os campos do ser, é tudo simultâneo, não importando se você sabe ou não que isso ocorre. A criança não sabe da existência da força da gravidade, mas nem por isso sai flutuando por aí...assim também não importa se as pessoas acreditam ou se já tomaram conhecimento do universo astral, vão convivendo com ele de forma inconsciente até que o percebam com clareza. Vivemos até pouco tempo atrás desconhecendo a atuação do vírus da aids, a codificação dos genes, a possibilidade de comunicação por e-mail e se alguém dissesse ao meu avô que portaríamos celulares com imagens, certamente não teria o menor crédito, mas tudo está aí!

Começamos a perceber diferentes níveis do universo extrafísico à medida que nossa capacidade de percepção se amplifica, o que não ocorre ao mesmo tempo para todas as criaturas.

Tenho alunos perfeitamente lúcidos que exercem suas capacidades profissionais com sucesso, que estão perfeitamente integrados ao social e que enxergam além daquilo que vemos na nossa dimensão: são clarividentes. Eles explicam que assim como temos os cegos para a visão do mundo físico, o mesmo acontece para a outra dimensão, os cegos para a visão do mundo astral.

— Alcli, quantas vezes deixamos de perceber nossas próprias emoções, nossas vontades, nossos desejos, em nome de preconceitos, em nome de formação cultural ou por medo de desagradar as pessoas?

— *Como assim?*

— Fingimos que não temos raiva nunca, vamos numa comemoração que não temos a menor vontade, outras vezes sufocamos prazeres simples apenas para não desagradar o outro, atendemos ao telefonema de um colega bem chato, deixamos de comprar um adorno que queremos e ofertamos presentes mais caros a nossos parentes e fingimos que não estamos notando nada, nos obrigamos a comer uma comida ruim só porque é cara, quando tomamos drinques de sabores duvidosos, mas badalados... a lista é extensa. Simplesmente desprezamos nossas sensações, nossas vontades, nossas emoções.

— *É para fazer o que vier à cabeça?*

— É para tomar conhecimento, educar, adequar, integrar não apenas reprimir; reprimindo perco a oportunidade de me conhecer melhor, por falta de coragem de sustentar meus próprios sentimentos.

Quando não me estudo não posso me explorar, não sustento o que sinto na dimensão física, como vou sustentar o meu perceber astral? Tenho cliente que viu um vulto, mas finge que não viu, para não ser julgado, discriminado; então ele rejeita, nega um sentimento que desponta ao invés de tentar conhecer melhor essa manifestação em si.

O que é?
Para que serve isto?
Qual a função desse evento na minha própria vida?

Lembre-se que quando é hora de o dentinho do bebê nascer, ele nasce mesmo que o bebê não queira, ou finja que não está nascendo dentinho nenhum; quando o dentinho nasce indica, no mínimo, que é hora de pensar num outro tipo de alimentação.

— *Então quando surge um sinal de mediunidade é hora de mudar de alimentação?*

— Digamos... que é a alimentação da alma.

— *Alimentação da alma? Como?*

— Um novo pensar, um novo perceber... se estou chegando num território novo, se estou sentindo algo incomum, no mínimo é bom pesquisar o que está acontecendo. Médium trabalha com o imponderável: a energia vinda do pensar de outra pessoa encarnada ou desencarnada, ou energia vinda do sentimento alheio; mas se eu não sei lidar nem com o meu pensamento ou com o meu sentimento, como vou lidar com os pensamentos e sentimentos alheios também?

Aí começa a conexão mediunidade–personalidade–auto-estima.

> Se não confio em mim, como sustentar aquilo que eu penso ou sinto?
>
> O que eu penso é tema do campo mental, o que sinto é tema do campo astral.
>
> Se na minha formação eu não aprendi autoconfiança,
> coragem de me bancar,
>
> coragem de encarar,
>
> de educar os meus impulsos,
>
> de formatar minhas emoções, o que eu faço quando começo a somar às minhas emoções, a emoção das pessoas encarnadas ou desencarnadas?

— *Ah! mas isso não acontece.*

— É muito mais freqüente do que você imagina. Lembra-se da última festa que você foi e voltou contando que assim que entrou no salão sentiu um mal-estar, uma sensação de angústia que você não sabia de onde vinha, e que depois encontrou por lá seu amigo, aquele que tem medo, sempre que está em locais com muita gente? Recorda-se? Não é a primeira vez que isto ocorre.

Mediunidade é uma capacidade de senso-percepção, e no seu caso, senso sem percepção. Você captou, sentiu, registrou a sensação mas não decodificou, não percebeu o que estava acontecendo.

— *Mediunidade é captação?*

— É! mas observe este quadrinho:

Mediunidade................. Captação
Personalidade............... Percepção
Vontade........................ Transformação

— *Dá pra explicar com mais detalhes?*

— Dá! Mas explicar não basta, é preciso atuar nos detalhes porque não basta ter informações... conhecimento requer ação, é uma moeda que só vale quando usada. Você é meu convidado para o próximo laboratório, vamos atuar justamente nessa relação: "Mediunidade e Auto-estima", começa na próxima segunda-feira às vinte horas.

— *Ah! Mas segunda-feira meu carro não roda, é final 1.*

— Nem o meu; mas a propósito você nasceu no seu carro? Só anda com ele? Ou seus pés também têm placa final 1?*

— *Ave Maria!*

— O laboratório já começou agora! Você percebe Alcli que

* Sistema adotado na cidade de São Paulo, onde nas segundas-feiras não rodam os carros, cujo final de placa é 1 e 2, nas terças-feiras não rodam os veículos, cujo final é 3 e 4 e assim sucessivamente.

está se limitando no final de sua placa? Lição de casa para o seu fim de semana: "explorar sua criatividade" — criar um meio de chegar na Clínica às vinte horas da próxima segunda-feira. Vá a pé, vá de ônibus, alugue uma tartaruga, um par de patins, monte na corcova de algum camelo... Você aceita o desafio ou vai curtir de vítima do rodízio... Ah! Lembre-se de que quando você se coloca na atitude de vítima, você emite e recebe energias desta freqüência como uma antena de radar.

1ª aula

Às vinte horas da segunda-feira me dirijo à classe que tem um número reduzido de alunos, o que favorece um atendimento personalizado aos componentes do grupo, que se propuseram a participar do Laboratório de Mediunidade. Olhei e deparei com os olhos de Alcli me fitando.

"Um a zero."

A primeira barreira estava vencida. Ele, com ou sem carro, se encontrava sentado na poltrona da sala. Havia criado condições de participar. Li na sua presença, um bom sinal, li coragem, li ação. Era um ótimo material para a nossa construção.

— Boa noite amigos, como não nos conhecemos, vamos nos apresentar numa brincadeira: "pensando-lembro". Por vezes quando não conheço os componentes do grupo faço esse exercício, no qual cada um se apresenta e diz por que veio aqui:

— *Eu sou Alcli, metade-aluno, metade-cliente; vim porque às vezes sinto um mal-estar sem nenhuma justificação...*

— Eu sou Gabriela, secretária...

À medida que cada um se apresentou, fui registrando as solicitações:

incorporação,
aparições,
transe,
mensagens,
vultos,
medo,
a luz que apaga sozinha,
ajudar o próximo,
freqüentar o centro uma vez na semana,
trabalho feito pela vizinha para me derrubar, porque ela não gosta de mim...
Estou me separando da minha mulher e como nós trabalhamos juntos ela quer a metade da firma, etc.

Como cada um fez sua projeção no tema, é daí que sai o roteiro do nosso trabalho levando em consideração aquelas idéias que o homem é um ser multidimensional, que suas dimensões: física, astral, mental e espiritual são simultâneas, que todas têm reflexos recíprocos, que mediunidade não é propriedade do espiritismo, é uma faculdade natural do ser, que todas as pessoas têm sensibilidade, cada uma no seu nível; que o fenômeno mediúnico não é o mais importante, ele é apenas parte do processo do ser.

Um dos alunos do laboratório se colocou dizendo que queria desenvolver a mediunidade de incorporação, para incorporar um exu, que deveria ir até a capital do país para atuar junto ao Presidente da República.

Retomei o conceito que mediunidade é uma função de senso-percepção, que implica na captação de energias com as quais nos afinizamos... Que captar é perceber uma sensação, é sentir algo:

> a pessoa sente uma sensação de frio,
> sente um arrepio,
> sente um calor percorrer o corpo,
> sente as mãos formigar,
> sente uma pressão na garganta ou uma aceleração nos batimentos cardíacos...

Observamos que cada participante tinha um sintoma peculiar que representava um código da percepção de cada um, que cada um é uma individualidade, que cada um tem uma impressão digital diferente, uma carga genética própria; que a natureza não se repete; portanto, o processo de mediunidade de cada um é próprio e também não se repete.

Mediunidade é a captação sensorial e a percepção crítica está a cargo da personalidade da pessoa; é o ser humano que pode ter crítica sobre o que está praticando. O desenvolvimento da mediunidade é o crescimento das potencialidades do ser, com consciência das informações que está captando, com reflexão própria sobre o processo. É preciso que o médium se pergunte: para que me serve o tipo de mediunidade que tenho?

— *Ah! Mas eu não tenho mediunidade pra ajudar os outros?*

— Se não ajudar-se primeiro, ela não serviu a você.

— *Ah! Mas essa é uma forma muito drástica de ver a situação.*

— Drástica segundo os padrões de quem? Tudo com que a Natureza nos dotou tem uma função nobre. Se você não descobrir qual é a função nobre que a mediunidade tem dentro do seu processo evolutivo do que ela lhe serve? Há médiuns psicógrafos que se comunicam com a outra dimensão e não conseguem se comunicar com os próprios familiares...

— ???

— É verdade! A mensagem há que servir em primeiro lugar para o próprio médium ou este não foi capaz de beneficiar-se do próprio processo.

— *Mas nem todo médium psicógrafo precisa aprender a comunicar-se com os outros, há aqueles que já sabem.*

E a comunicação interna?
E a comunicação da própria verdade?
E a comunicação dos sentimentos?
Se nada houvesse para aprender com a comunicação
porque este tipo de mediunidade para esta pessoa?
A vida não faz seus roteiros sem finalidade.
Até a profissão que o cidadão escolhe uma
ferramenta para seu desenvolvimento:
o engenheiro vai aprender a edificação
de si mesmo,
o comunicador a expressar-se,
o professor vai aprender o que ensina e por aí
segue...

— *Você é professora e mãe, como fica?*

— Precisei aprender tudo que quis ensinar aos meus filhos e aos meus alunos, ninguém dá aquilo que não tem... "Incorporamos", não as entidades que queremos para manipular a situação política junto à presidência da República, incorporamos situações existenciais atraindo para o nosso cotidiano eventos que possam nos ensinar; basta ter olhos para ver.

Incorporar para manipular o presidente, não é problema da

mediunidade, mas da personalidade megalomaníaca (gente que tem mania de grandeza).

— *Eu vim aqui porque as luzes lá em casa apagam e acendem sozinhas, disse uma das participantes.*

— É um "efeito de materialização" que ocorre junto a médiuns com grande capacidade ectoplásmica, energia que pode ser usada para cura.

— *O que o médium pode aprender com a ectoplasmia?*

— Em que circunstância ela ocorre, como usar de modo útil? No mínimo o médium vai desenvolver a capacidade de observação, disciplina, reflexão e autoconhecimento, que são potenciais do ser.

— *Que é para o médium, que vê aparições e vultos, aprender com sua mediunidade? indagou outra.*

— Vamos perguntar o conteúdo de suas visões? O que ele sente ao ver vultos ao seu redor? Nós não vamos adivinhar, vamos estudar juntos.

— *Ah! Eu tenho medo de vultos.*

— Certamente esse não é o único medo que nossa amiga tem. De que mais você tem medo?

Ela declinou alguns e eu cutuquei:

— Moça! Você faz visitas de cortesia ou dá presentes a parentes mesmo sem ter vontade? Ou seja, com que freqüência faz o que não gosta?

— *Muitas vezes.*

Observe! Quem não tem coragem de olhar para os próprios sentimentos não é de admirar que tema vultos.

— Agora que estamos juntas você tem medo de ver vultos?

— *Agora, juntos não!*

— A confiança vem de fora, e isto também não é problema de mediunidade, mas de personalidade e a auto-estima — creio que a auto-estima seja o sistema imunológico da personalidade.

A mediunidade apóia-se na personalidade.

A personalidade está apoiada na auto-estima. Aqui entra a formação da auto-estima do médium, sua auto-imagem, pois se não confiamos em nós, nas nossas idéias, nos nossos sentimentos, como confiaremos no nosso processo mediúnico que se manifesta por idéias e sensações?

Não fomos acostumados a questionar, indagar, testar, confiar em nossa capacidade de aprendizagem, a observar e comparar resultados, pelo contrário, fomos condicionados à obediência e quando um orientador de qualquer grupo de estudos nos diz: "Você precisa desenvolver sua mediunidade, precisa trabalhar... senão a sua vida não vai pra frente", ouvimos e não perguntamos nada, não pedimos uma conceituação de mediunidade, do que é desenvolvimento mediúnico, o que ele objetiva na minha vida, pra que serve, quais são as técnicas empregadas... Nas minhas andanças pesquisando, cansei de observar essa postura do não questionamento, do pouco interesse pelo método aplicado e para onde ele me conduz. Geralmente a informação vinha assim: "você precisa desenvolver sua mediunidade, senão a vida não vai pra frente, você não anda, não deslancha, fica sempre marcando passo...". Essa prerrogativa tem a cara do nosso processo educacional: impositivo! Faça isso que estou dizendo (que é a verdade) senão... (fica implícita uma ameaça no ar), o que não é maldade do orientador, é fruto da formação educacional que ele mesmo recebeu.

Você lembra de falas assim: "vá estudar senão... não tem fim de semana, se você não fizer a lição" (e lá vinha ameaça). "Você precisa se aplicar para ser alguém quando crescer" — quando nascemos, já nascemos alguém.

Fomos estimulados a caminhar, sem conhecimento do nosso objetivo e na maior parte das vezes com uma pressão no ar. Claro que há honrosas exceções. O que observamos é o fato de que o orientador do grupo de mediunidade pouquíssimas vezes ouviu falar em Pedagogia e quando ouviu não entendeu o que é; a pessoa que lá chega para ser orientada encontra o que é possível:

> encontra um espaço aberto que o acolhe como pode,
> no qual o médium pode expor suas "esquisitices"
> sem ser discriminado,
> onde é estimulada sua crença numa melhora, ainda
> que mágica, mas se abre uma possibilidade de ela
> mudar sua expectativa para melhor,
> a pessoa faz um processo catártico, próprio da sessão
> psicanalítica, gratuitamente, saindo mais leve, porque
> ali joga fora o excedente do seu lixo psíquico.

Isso é o que trazemos para o nosso laboratório com um diferencial: um suporte psicopedagógico.

— *O que você chama de suporte psicopedagógico?*

— Um processo de autoconscientização. É buscar saber como eu funciono, é aprender sobre o meu próprio processo de aprendizagem, é dar uma olhada no funcionamento das minhas emoções e do meu pensar, uma vez que o meu *link*, a minha conexão com o mundo energético se dá através das minhas crenças, isto é, do meu pensamento valorizado. Vamos conhecer mais sobre a dinâmica da nossa personalidade, das nossas emoções, da nossa percepção, da nossa interpretação, da nossa leitura de mundo. Por exemplo, a nossa amiga que se queixou da vizinha "que fez um trabalho para me derrubar"... Fale um pouco sobre isso e como você soube que ela faz isso?

— *Ah! Sempre que eu penso nela vem a idéia que ela não gosta de mim, vem a imagem dela tramando contra mim, toda vez que eu saio ela me olha dum jeito...*

— O que eu, Aparecida, leio nesta situação:

Primeiro: "sempre que eu penso nela". Não é ela que pensa em você, é você que pensa nela, e isso vem em tom de queixa, portanto desagradável.

Veja, o pensamento desagradável se mantém, se apresenta inúmeras vezes, o que demonstra um nível de auto-estima precário. A pessoa com um nível saudável de auto-estima não alimenta um pensamento que lhe seja desagradável, mas simplesmente admite que se a outra pessoa não a aprecia, não a aprecia e pronto! Ninguém está obrigado a gostar desta pessoa que você é... Ninguém! vizinha nenhuma está obrigada a gostar de você. Ela tem o direito de gostar ou não.

Segundo: "Vem a idéia que ela não gosta de mim".

Vamos perguntar a nós mesmos: qualquer idéia que venha, eu necessariamente preciso dar guarida? Abrigar? Servi-la com café e pão de queijo?

Idéias são descartáveis, como copo de papel, mas só para gente de personalidade saudável, com auto-estima em ordem; gente neurótica mantém, abriga, nutre pensamentos que machucam. É mais ou menos como usar um sapato com uma pedrinha que machuca, mas eu mantenho a pedrinha e a dor que ela provoca. Por que você tira a pedrinha do sapato e não tira da sua cabeça a idéia que machuca? Porque não tem autodomínio, permite que o pensamento conduza ao invés de conduzi-lo.

Ninguém vai conquistar o mundo fora sem conquistar o universo interior.

Terceiro: “Vem a idéia que ela está tramando contra mim”.

É uma projeção de uma situação como:

eu não gosto da minha vizinha,

eu penso constantemente na minha vizinha,

eu culpo minha vizinha pelas coisas ruins que me acontecem, e se minha vizinha é responsável por aquilo que acontece comigo eu sou uma vítima da situação. E a vítima sofre a ação, não pratica a ação, a vítima é passiva, não assume, não enfrenta, não encara; vítima é quem abdicou do poder sobre si. Não é pra você ter poder sobre ninguém é pra você ter poder sobre você — diga-se que este é o único poder que temos.

Veja o poder que nossa aluna atribui à sua vizinha... aqui existe uma fantasia desastrosa cultivada, ela não percebe que está entrando numa fantasia de perseguição na qual a vizinha é a toda poderosa e ela um marionete que sofre a ação do poder da vizinha.

Esse quadro tem as cores da auto-estima precária.

Do ponto de vista energético nossa aluna se coloca com esse pensar na freqüência, na faixa, na onda das vítimas e atrairá, por sua freqüência entidades encarnadas ou desencarnadas, vítimas que somarão com ela, independentemente do que a vizinha faça ou deixe de fazer.

Se a aluna já tráz consigo embutida na sua forma de ser uma vítima guardada nas dobras da sua personalidade, se faz freqüência com entidades do mesmo naipe, se tem uma sensibilidade maior que chamamos mediunidade e capta essa sensação (da freqüência das vítimas) vá imaginando como ela se sente... perseguida!

O suporte psicopedagógico é exatamente isto: aprender a trabalhar com seu jeito de pensar, pois o seu jeito de pensar orienta o seu jeito de sentir.

Há muitos jeitos de atuar na vida:
jeitos saudáveis,
jeitos agradáveis,
jeitos sutis,
jeitos tristes,
jeitos contentes,
jeitos doentes.

O jeito de ser é a personalidade do cidadão.

Anselmo, o aluno que está se separando da mulher, traz o tema final do grupo de hoje.

— Você gostaria de se colocar para o grupo?

— *É! Nós estamos nos separando após vinte anos de casamento; em todos esses anos trabalhamos juntos e agora estamos num processo de separação e a firma entra na partilha. Ela quer que a divisão siga as regras que ela propõe.*

— E você concorda?

— *Não! Porque não acho que seja justo...*

E fez o relato de sua visão de justiça.

— E o que você busca numa clínica de mediunidade, que ensina a pessoa a trabalhar com a própria sensibilidade?

— *Busco algum tipo de ajuda para essa situação que atravesso.*

— Que situação? Você deu bastante ênfase à partilha, a ajuda é endereçada a facilitar a partilha a seu modo? Ou a ajuda é a aprendizagem da dinâmica da mediunidade?

— *Não exatamente que a partilha fosse feita a meu modo, mas que ao menos fosse mais justa.*

— Aqui na clínica não temos um departamento jurídico que possa dar esse tipo de assistência...

— *Eu sei! Eu queria um outro tipo de ajuda, algum trabalho espiritual...*

O "trabalho espiritual" a que ele se referia era um *ebó*, um kit bruxaria, uma entrega, uma oferenda, uma galinha preta ou qualquer coisa nessa ordem.

Retornamos ao conceito de mediunidade:

uma função de senso-percepção;

captação sensorial e uma percepção crítica com vistas
ao desenvolvimento de ser,

um sentido a mais da pessoa, uma capacidade natural
de percebermos o universo energético que
nos rodeia em suas múltiplas dimensões,

uma faculdade, um recurso que a natureza nos fornece
como alavanca para o despertar da espiritualidade,
uma expressão do espírito.

O que eu tinha para oferecer: conhecimento sobre si, Anselmo não queria. O que ele buscava "o trabalho" para amolecer sua mulher, eu não tinha para oferecer.

Respeito todas as crenças, é o momento de cada um, é o nível de desenvolvimento da consciência de cada ser, é o "tudo me é lícito, mas nem tudo me convém".

O nosso laboratório é interno.

Eu sou o meu laboratório.

Você é o seu laboratório.

Aqui focamos a nossa transformação por dentro,
a única que nos é possível.

Usar as entidades desencarnadas para que façam o que eu desejo mostra bem a minha crença, a minha afinidade com a manipulação e essa afinidade me liga ao astral dos manipuladores.

Meus amores, estamos concluindo nosso encontro; durante a semana pense, discuta, leia outros autores, observe e compare. Coragem, confiança, saber que nós vamos dar conta do recado é a base da auto-estima saudável.

Posso confiar em mim porque tenho raízes divinas, eu e o Pai somos um.

2ª aula

Hoje gostaria que você desenhasse uma árvore, um vegetal completo.

— *E tem vegetal incompleto?*

— Claro! Todos nós nos recordamos de árvores que não dão frutos e se não a temos na lembrança vamos observá-las na natureza.

O desenho pode ser feito no papel ou na imaginação.

1. no terreno da aceitação
2. a semente da consciência
3. o caule da habilidade
4. nas folhas: a troca com o ambiente
5. nas flores: a promessa dos frutos
6. no fruto: a síntese e todo o trabalho do vegetal.

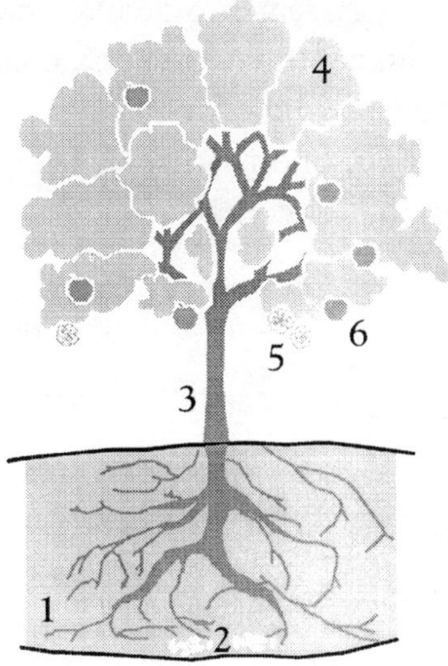

No terreno da aceitação, plante a semente da consciência, que dará raízes que firmarão a árvore, que irão em busca do alimento.

No transcorrer do tempo, o caule da habilidade ganha corpo e força de sustentação para galhos, folhas, flores e frutos.

Na folha mora a troca de gases entre o vegetal e o ambiente e para que venhamos a trocar com o meio social se faz necessário que tenhamos nossas próprias raízes muito firmes.

Você se sente com raízes divinas? Raízes profundas que te unem à Fonte da Vida? Comece a dar força a esta idéia. Parece a você uma boa idéia? Pois que não fique apenas como um pensar, que ganhe valor e cresça forte como o caule da nossa árvore, para nos sustentar vida afora.

A flor feita de formas, de cores, de aromas, de beleza, de atração, é a intenção do fruto que por sua vez traz em si, de novo na sua semente, a possibilidade de um vegetal inteiro.

Hoje você vai ganhar uma semente, olhe para ela e veja, ali, uma nova árvore.

A semente divina é cada um de nós, é nossa alma que se insinua através de nossa consciência. Algumas sementes caíram no caminho e foram devoradas pelas aves, outras caíram entre as pedras, outras entre os espinhos e as últimas caíram em terreno fértil, nos conta a parábola.

> Podemos escolher cair no caminho ou ser o caminho.
>
> Podemos escolher ser terreno fértil ou árido.

Alguém perguntou:

— *Aparecida, como você entende a alma? É um termo amplo, o que você chama de alma?*

Nossa sala de reuniões além de outros recursos didáticos continua tendo uma lousa e nela fizemos um esquema:

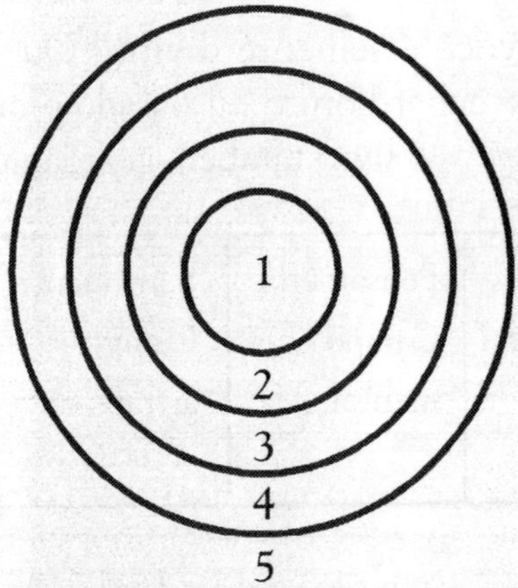

1) O Núcleo do Ser = Deus interno
2) Campo mental (pensamentos)
3) Campo astral (sentimentos e emoções)
4) Corpo físico
5) Meio social

A alma é a Essência.

A alma é o Núcleo do Ser.

A alma é a Semente Divina rodeada de seus princípios mentais.

A alma é o Espírito atuando através da mente consciente ou inconsciente.

A alma é Deus em mim.

Transfira esse pensar para o terreno da aceitação:

Você aceita de verdade que você é uno com o Criador?

Que por isso é um co-criador?

Que você é filho de Deus?

Que você é tão filho de Deus quanto Buda ou Jesus?

Que você é semente divina? Ou isso é só pra ler, achar bonito ou ousado e quando guardamos o livro também guardamos as idéias junto?

O Ser A Vida Deus Espírito	Alma (Deus em mim)	Pensamento Campo mental	Sentimento Campo astral	Corpo bio- lógico	Meio social

↖....... p e r s o n a l i d a d e......↗

O Ser, a Vida, Deus, o Espírito são diferentes nomes para o mesmo princípio.

— *E a mente, ou campo mental, como você entende?*

— Como uma usina de força colocada à nossa disposição, como uma fonte viva de energia criadora, às quais temos acesso através do pensamento; o pensamento é para o universo mental o que as mãos significam para o universo físico: possibilidade de realização.

Agora quero que cada um dos presentes olhe para dentro de si e veja se aceita "que é uma janela de realização do Universo".

E por falar em cada um dos alunos presentes, verifiquei que havia dois alunos ausentes, aquele que queria incorporar um *exu*, cuja função seria a de atuar na sede do poder executivo em Brasília e o outro que queria uma ajuda para que sua esposa aceitasse suas propostas para a divisão de bens do casal. Pensei alto, quer dizer, pensei e dei voz ao meu pensamento:

— Vocês observaram quais são os alunos que estão faltando hoje? Eu estou apostando na idéia que eles não retornarão aos nossos encontros.

— *Ah! Mas também você deixou bem claro que não havia um "kit bruxaria" ou um jeito de chegar à presidência da República sem trilhar o caminho das urnas.*

Aproveitei o clima para explicar que a quase totalidade dos estudantes do tema mediunidade, não tem o pensar que mediunidade é um caminho, uma iniciação, uma porta para a espiritualidade, para o expandir da consciência no rumo da Essência, mas a quase totalidade vê tão-somente o fenômeno paranormal ou a busca de colocar as entidades com as quais conseguiram contato, a trabalhar como empregados, mal remunerados e sem carteira assinada para realizar aquilo que eles próprios não conseguiram fazer por si mesmos.

Há que se mudar o conceito de mediunidade, vou cantando meu poema, quem estiver na mesma freqüência vai ouvir, vai encontrar o livro, vai ler, vai entender. Sei que não posso mudar o pensar de ninguém, que não tenho poderes sobre ninguém, mas posso falar o que creio, o que sinto, o que valorizo e me sinto feliz por poder fazê-lo.

Amo poder escrever e espalhar essas idéias como sementes ao vento, amo preparar as aulas, os cursos, as apostilas, é delas que nascem os livros. Isso faz parte do meu processo de aprendizagem de autoconfiança. Só posso ensinar o que já aprendi, mas quanto será que já aprendi? Não há fita métrica para medir esse tipo de coisa, mas não importa (a fita métrica), vale aquilo que já descobri no meu processo, gosto de repartir com quem aceitar.

Estamos neste livro caminhando no território da auto-aceitação.

Nos tempos dos bancos escolares, na aula de Filosofia o professor dizia: "Eu sou livre de dizer que aceito!"

Eu ouvia o som das palavras, mas a profundidade delas eu não alcançava e retrucava; que diabo de liberdade é essa, onde só cabe a aceitação?

O tempo passou, o diploma chegou. Os fatos foram ocorrendo, até que um dia me deparei com uma situação muito difícil: meu irmão sofrera um acidente automobilístico. O hospital pedia contato urgente com os familiares. Liguei para o hospital e juntando toda a minha coragem perguntei:

— Como ele está?

— *Em estado desesperador, disse a voz do outro lado.*

— Que é estado desesperador?

— *Ele deu entrada no hospital com o corpo mutilado e queimado; agora está em cirurgia...*

Creio que não ouvi o resto. Fiz um grande esforço para não ficar, eu também, em estado desesperador.

Os dias que se seguiram foram, como você pode imaginar, repletos de acontecimentos tristes... mas põe tristeza nisso... Ele viveu mais vinte dias na UTI e partiu.

Eu o amo muito (porque continuo sentindo por ele a mesma afeição) e senti a sua partida muito também. Precisava acomodar dentro de mim a sua ausência, era a primeira vez que eu passava por essa situação, tinha de engolir o meu sentimento de impotência (uma leonina com sol na oitava casa). E nesse estado interior compareci ao sepultamento. A tarde estava linda, o sol em todo seu esplendor batia no verde das folhas das árvores que adornavam o cemitério, elas se deixavam mover pela brisa num espetáculo daqueles que só a natureza é capaz de propiciar, as flores gritavam suas cores e escandalosamente exalavam seus perfumes; e eu me revoltei diante de tanta beleza. Por que a natureza estava tão enfeitada enquanto eu estava tão triste? Era uma afronta, ela estava simplesmente indiferente ao meu sofrimento.

Por certo eu queria que tivesse um grande cataclismo, para ficar tudo bem tétrico... mas a natureza seguiu seu curso. Ou eu aceitava que a natureza não erra ou eu mudava a minha leitura diante da morte. Naquele momento me pareceu que a natureza estava indiferente ao meu sofrimento, porque ela aceitava a morte como um processo natural da vida, como uma passagem... Tudo que nasce, morre.

Ficou ressoando aquela frase nos meus ouvidos; "a natureza aceita".

A natureza aceita e porque aceita não sofre, brinda o retorno do filho à Pátria do Espírito.

Esse pensar me auxiliou, fiquei mais calma e quando estava mais serena veio a lembrança do professor de Filosofia dizendo: "Eu sou livre para dizer que aceito". A ficha caiu anos depois. Se eu aceitasse o fato, tudo ficaria mais leve; ou poderia continuar revoltada, sem aceitação, com um sofrimento maior. A não-aceitação apenas traria mais dor e não modificaria nada, era um fato consumado a ausência de meu irmão. Disse a mim mesma lá dentro: "eu sou livre para dizer que aceito", e aceitei.

Mais tarde encontrei o professor de Filosofia nas escadarias da universidade e agradeci o ensino agora assimilado, não no intelecto, mas na vivência. Sou muito grata a todos os professores que tive, professores oficiais lá na frente da sala ou aos professores extra-oficiais disfarçados de filhos, de alunos, de clientes, àqueles cujo contato foi indireto através de uma fita gravada, de um programa de rádio, de uma entrevista ou de um livro. Nunca me deparei com Kardec, Jung, Kirlian ou Rollo May; duma outra dimensão só encontrei Lucius, através da psicografia de dona Zíbia, meu contato com Emmanuel ou André Luiz por intermédio de Francisco Cândido Xavier, mas aprendi com todos.

Gratidão eterna!

— *Ah! Mas você se empenhou, senão não teria aprendido.*

— É verdade! Mas gratidão é um sentimento muito bom. Você não agradece por coisas ruins, só por coisas boas. Você só consegue ser grato de verdade, quando deixa fluir o prazer; me é muito prazeroso aprender, mas só pude aprender porque aceitei a minha ignorância. Só busca remédio quem aceita que não está no seu melhor.

Primeiro aceito meu excesso de peso, depois vou buscar o peso saudável.

Aceito quem sou?

Todo mundo diz que sim, muitas vezes sem ter feito nenhuma observação sobre o assunto.

"Claro que me aceito incondicionalmente" é o que todos respondem, só que moldo meu corpo com silicone, mas é só porque está na moda ter seios maiores, a natureza não sabia proporcioná-los bem, então vou fazer uma pequena correção; faço umas poucas lipoaspirações, mas é que não fica bem uma gordurinha a mais; só que tinjo o cabelo, mas é para parecer mais nova, só mudo a cor da pele...

Não estou criticando nada, cada qual cuida de seu corpo da melhor maneira possível dentro daquilo que lhe parece melhor, estou apenas observando o careca que usa peruca, a gorda que diz que usa manequim 42, o dependente químico que diz que deixa de usar sua "química" a hora que quiser, a mulher que mede os passos do marido, cheira as camisas, vasculha os bolsos e diz que não é insegura, a mãe que literalmente sufoca o filho e diz que não é dominadora.

Uma boa olhada para si mesmo é muito bom.

Vovó que não estudou Psicologia, nem Filosofia, nem Metafísica dizia que "o macaco enrola o rabo e fica olhando o tamanho do rabo do vizinho". Ela não sabia usar o termo técnico: projeção. Geralmente aquilo que temos e não enxergamos em nós, enxergamos no outro e nos irrita.

Pense numa coisa que você vê nos outros e se irrita, mas tem que irritar... quando disse isso na última turma uma senhora ponderou:

— *Ah! Aparecida, meu marido bebe, se embriaga. Isso me irrita profundamente, mas eu não bebo. Como fica a projeção?*

— Alcoolismo: doença? Vício? Um mal tratar-se. Onde você se maltrata? O vício dele é beber para turvar a mente dele, onde você turva a sua?

Saiba que entrar em contato com aquilo que sentimos, entrar em contato com os nossos próprios sentimentos é o início da cura.

Aceito meus sentimentos?

Tive uma cliente que me procurou carregando um imenso sentimento de culpa, culpa por estar sentindo o que sentia. Sempre fora dominada pelo marido:

onde vai?
onde foi?
onde passou?
com quem?
a que horas saiu?
a que horas chegou?
por que demorou?
o que aconteceu?
quanto gastou? e o troco?
esta roupa não te fica bem,

indo lá não diga isto, diga aquilo,

se você for lá... não precisa voltar... e outras suavidades no gênero...

Lá pelas tantas o marido teve um mal-estar e ficou seqüelado, dependente.

No começo foi um baque cuidar do doente, da vida, da casa, das crianças, das finanças, aos poucos ela foi se mostrando capaz de administrar tudo, menos o sentimento: ela parecia estar gostando da situação e não podia admitir que gostava da doença do marido.

Conversamos algumas vezes, ela tinha boa bagagem cultural e percebeu com facilidade que não concorrera para a doença do marido, portanto não poderia ser culpada da doença, que cuidava dele e de todos a contento, que a família não desmantelara graças ao empenho dela e que ela não se havia dado conta de que não era da doença dele que ela gostava, mas da liberdade de viver, que aquele fato lhe proporcionava ser útil, conhecer o próprio potencial, que ele quando saudável sufocara.

Ela não gostava da doença dele, ela gostava da liberdade dela.

Do ponto de vista energético ela estava entrando num processo auto-obsessivo: culpa. Porta aberta para obsessores encarnados ou desencarnados.

Era hora de cuidar da sua prole, de administrar sua vida, de conhecer seus sentimentos e não de ficar servindo de aeroporto para pouso de obsessores.

Você começa a perceber que obsessão não se cura com passes... quem tem auto-estima saudável está vacinado contra processos obsessivos. Não sou contra o passe, sou a favor da conscientização, o passe é uma ajuda, agir conscientemente é a cura.

A auto-aceitação faz parte da manutenção da estima saudável de si mesmo.

A auto-aceitação do que sou, do que sinto, o ficar do meu lado, a meu favor, é mais do que reconhecer ou admitir algo, é um direito natural do ser humano que o conduzirá a uma experiência que se transformará em consciência.

A auto-aceitação é o começo da mudança, não posso aprender com uma situação que eu não admito que acontece.

Quando eu aceito que estou com medo não quer dizer que estou aplaudindo ou me rendendo à situação, quer dizer que eu admito que ela existe. Mantê-la ou modificá-la é o próximo passo; ninguém modifica aquilo que nega. Não é a auto-aceitação, mas a autonegação que mantém a pessoa imobilizada.

Se minha cliente não admitisse que havia algo estranho, por que haveria de caminhar na busca de entendimento?

Quando aceitamos algo acerca de nós mesmos ou dos outros não carregamos o fato, não apoiamos inadequadamente, apenas admitimos a existência dele.

Quer saber se você se aceita; meu professor sugeria: "Vá nu pra frente do espelho e olhe-se durante cinco minutos".

Tenho clientes que nem passam na frente do espelho.

Agora vai ficando mais impalpável, não tem espelho que possa refletir os nossos sentimentos.

— Quem sugere algo que possa mostrar nossos sentimentos?

Alguém disse: — *Sinceridade!*

Outro lembrou-se da projeção e se você lembrar de alguma receita mande-me para que eu possa aprender também com você, meu endereço eletrônico é oficinauniversal@uol.com.br. É sério! Aguardo. É muito prazeroso abrir o e-mail e encontrar lá palavras simples que refletem o início de um novo tempo:

observei que tenho inveja,
admito que estou com medo de,
ontem odiei meu pai, admiti e questionei-me.

São os primeiros momentos da jornada do autodesenvolvimento: a percepção, a auto-aceitação, a autoconsciência para depois ocorrer a educação e a integração.

Aprender é coisa da vida, está além do seu arbítrio.

— *Como assim?*

— Pense em tudo que você aprendeu. Você escolheu aprender? Quantas coisas a vida lhe ensinou sem que você houvesse solicitado. Quando ficamos sob a bandeira da inteligência aprendemos mais rapidamente sem sofrimentos.

— *Ah! Mas sempre ouvi dizer que só se aprende sofrendo.*

— E você acreditou? Nunca parou para verificar a validade dessa afirmação. Faça uma varredura nas suas lembranças, verifique quantas coisas você aprendeu sem sofrimento:

Doeu aprender a ler?
Foi um sacrifício aprender a dançar?
Eu amei o teatro,
a pinacoteca me pareceu um templo de sensibilização.
o museu me encantou,
a catedral me mostrou um outro tipo de beleza,
descobrir o cinema foi puro prazer,
participar do coral foi ouro prazer,
pintar o baú da recepção foi bom,
fazer o programa de rádio era agradável,

foi com alegria que aprendi a desenhar os sonhos ou
bordar as fantasias de carnaval.

— Você acha mesmo que eu só aprendi com sacrifício?Ah!

Comece a peneirar o que você ouve. Cadê a peneira do ISO 9.000 de qualidade?

Veja se essa crença é boa ou não para a sua auto-estima. Se você não sabe classificar o que lhe serve ou não, em matéria de informações recebidas, o que fará com as informações mediunicamente recebidas? Bom senso vale para todas as circunstâncias.

Quando os médiuns começam a psicografar sempre vem a questão "não sei se é meu ou se não é meu". Seria mais útil, mais produtivo perguntar:

Serve ou não serve?
É aproveitável ou não?
Sob que aspecto é aproveitável para mim?

Agora preste bem atenção: se você não conhece o que é seu (o seu interior) como você vai distinguir aquilo que não é seu?

Mediunidade requer autoconhecimento, sem o que, ao invés de ajudar, atrapalha, mas como a natureza não erra, se a mediunidade, se a percepção fina está "atrapalhando" é hora de correr atrás do conhecimento de si mesmo, de aperfeiçoar o próprio desenvolvimento. O que não é novidade nenhuma, Sócrates, o filósofo grego do século V a.C, já apregoava o conheça-te.

Aprender é uma necessidade.

— *Que é uma necessidade?*

— Necessidade é aquilo que é exigido para o nosso funcionamento. Não apenas queremos água ou comida, nós necessitamos delas.

Necessitamos da auto-aceitação; sem a aceitação de si mesmo a auto-estima saudável é impossível.

Pense que você faz um esforço danado para acompanhar, para seguir o social, o que muitas vezes não passa de uma dúzia de pessoas. Esse esforço te custa uma neurose, ou seja o não-crescimento da sua personalidade, em outras palavras, você deixa de aceitar-se para neurotizar-se.

— *E o que tudo isso tem a ver com mediunidade?*

— Você aceita sua mediunidade? Aceita que é chegado o momento de alargar seus horizontes, de conhecer uma nova dimensão de si mesmo?

Aceita que pode compartilhar seu universo mental (as idéias) e seu universo astral (sentimentos) de forma mais estreita com os demais e gerenciar isso rumo à sua Essência?

Aceita que como não conhece tudo desse processo pode acertar ou não? E quando desconhecemos, existe sim, a possibilidade de erro. E mais! aceita que não está errado errar? Que errar faz parte do processo de qualquer tipo de aprendizagem? Aceita que é necessário muita disciplina, "baldes" de treino, e "pacotes" de autoconscientização, aprendizagem constante de si mesmo e que há disposição para um auto-aperfeiçoamento?

— *Chega! Já entendi!*

— Apenas entender não basta! Meus amores, hoje ficamos

por aqui, mas temos lição de casa: durante a semana pratique a coragem de aceitar-se:

> aceitar o próprio corpo,
> aceitar os próprios sentimentos,
> aceitar os fatos que venham a ocorrer,
> aceitar nossa forma de reação lembrando que
> aceitar não é julgar, não é aplaudir.

Observo o que existe e me pergunto: quero mudar algo ou está bem assim? E escolho o que entendo o que é melhor para mim e pago o preço da escolha, mesmo que a escolha seja não escolher.

> Você aceita que é um ser divino em experiência terrena?
> Você aceita que necessitamos dos contrastes para aprender, para experimentar as diferenças?
> Você aceita que o nível da nossa realidade está no nível da nossa consciência?

3ª aula

O pessoal estava lá, com exceção do "Conselheiro do presidente da República" e do "Sr. da Partilha".

Antes do início do encontro peço aos nossos amigos espirituais, ou guias, ou mentores, ou guardiões, ou qualquer outro nome que você preferir, que nos inspirem durante todo o tempo para que através da inspiração participem do nosso laboratório.

Visto a minha melhor energia, meu ânimo, meu conhecimento, minha boa vontade, sempre levo a última apostila elaborada (Capricórnio no ascendente para o pessoal que curte astrologia), que nem sempre é utilizada, e já não me causa frustração o fato de tê-la feito e não tê-la usado. Escolhi pensar sobre esse fato, que aquilo que registrei ali era importante para mim naquele momento e que agora no laboratório pode ser importante ou não, porque é outro momento, outras necessidades.

Iniciamos o nosso encontro com aquilo que é minha marca registrada de professora: "Lição de Casa".

— Quem fez lição de casa?

Fez-se um profundo silêncio! Explicável! As pessoas mal se conhecem, em toda sua existência passaram quatro horas juntas e de repente falar do próprio interior, expor a forma de ser, de reagir... no início do terceiro encontro, ainda é inibidor.

Após uma boa dose de encorajamento ninguém se coloca; e como não houve um voluntário me dirijo a uma das integrantes e pergunto:

— Querida, que você fez de lição?

— Ah! Aparecida, não consigo fazer nada disso.

— Não diga não consigo, diga não quero fazer.

O "não consigo" é postura de vítima, de gente que não tem poder sobre si, e "não quero" acorda para a responsabilidade de escolha sobre os próprios atos. Afinal, não era tão difícil ir nu para a frente do espelho dentro do seu quarto ou de seu banheiro...todo mundo aqui tem um espelho em casa, não tem?

Uma corajosa da turma se colocou:

— Espelho a gente tem, o que não tem, é coragem de ir lá, pelada.

— Não diga "a gente tem", diga: "eu tenho espelho e não tenho coragem". É para me individualizar, para me perceber, numa gramática que facilite a autopercepção. Diga-me por que não tem coragem?

— Porque estou com alguns quilos a mais.

— É? Quantos quilos a mais? Segundo a opinião de quem? Quem disse que você pesa alguns quilos a mais?

— Não sei quantos quilos a mais, porque não subo na balança, mas ninguém precisa dizer nada para que eu saiba que estou pesada, você não vê as manequins na televisão?

— Vejo! Mas prefiro as musas de Renoir famosas há mais tempo, têm rostos bonitos e corpos de formas mais arredondadas.

Dou-me o direito de eleger meu próprio padrão de beleza, de aceitar meu tipo físico, minha idade, meus cabelos.

Tenho quase sessenta anos, 1,67m de altura, setenta quilos, cabelos embranquecendo e pele se tornando mais flácida e tenho ainda saúde, felicidade, fé na Vida, capacidade de realização e como ensinava aos meus quatro filhos quando pequenos, "a cabecinha cheia de inteligência e o coraçãozinho cheio de amor".

Outro dia encontrei uma pessoa amiga no cabeleireiro que freqüentamos e ela me perguntou se eu ia tingir os cabelos. Respondi que não. Ao que ela retrucou:

— É bonito o cabelo branco, mas envelhece.

— Vejo sob outro ângulo, no meu caso eles trazem, eles oferecem o tom de credibilidade à fala da professora.

Gente, uma mulher, uma pessoa, pode ser encantadora em qualquer idade. A infância é graciosa, a adolescência é linda, a mulher durante sua fase adulta é a própria rosa que desabrochou exalando toda sua beleza e seu perfume, as avós são encantadoras...

Apreciei cada momento da moça, do corpo dourado do sol que não era o de Ipanema, apreciei as formas exuberantes da juventude; o tempo foi passando e eu amei o barrigão da grávida ostentado com orgulho. Não vacilei na hora do aleitamento, era simplesmente orgásmico me desnudar da cintura para cima e amamentar o meu pimpolho... aquela boquinha rosada, faminta buscando leite, buscando vida...oh! coisa boa! E o tempo continuou correndo... as crianças foram crescendo, as minhas formas exuberantes se diluindo...o tempo esculpindo rugas no meu rosto, prateando meus cabelos e trazendo mais ternura para minha voz, mais maturidade para minha personalidade, maior compreensão e aceitação para o meu coração.

Estou em paz com o meu corpo.

Aceito o corpo que abriga o meu espírito.

Estou em paz com a minha idade, buscando realizar aquilo que ficou parado lá atrás, porque as crianças eram pequenas: a clínica, os cursos, os livros, o aprofundamento nos estudos e até o namoro...por que não? A dança... tenho agora mais tempo pra mim, é uma conquista da terceira idade ter maior bem-estar, mais qualidade de vida; e tem mais qualidade de vida quem aceita as transformações naturais da vida que tem, porque não adianta nada não aceitá-las, elas ocorrerão.

Envelhecer pode ser um ônus ou um bônus, depende de quem está envelhecendo.

Pense: é possível não envelhecer? Que te parece? A mim não resta dúvida que envelheceremos todos, caso não venhamos a partir antes. Não adianta brigar com a natureza, com a vida; ela é mais forte e ganha sempre.

A natureza não é nossa, nós é que pertencemos a ela. A vida não é minha nem sua, nós é que somos da vida. Envelhecer faz parte da vida do homem no planeta, mas podemos buscar envelhecer com qualidade, ninguém precisa necessariamente envelhecer doente.

— Gente, está ficando clara a idéia de auto-aceitação? Tive clientes belíssimas que diante da primeira ruga entraram em pânico. Envelhecemos um pouco a cada dia, vai num somatório, mas não é segredo para ninguém que Roberto Marinho aos sessenta e cinco anos iniciou uma etapa nova na sua vida: a Rede Globo.

Aceitar o meu envelhecimento natural não quer dizer que vou deitar e morrer ou ficar com reumatismo até nos fios de cabelos, quer dizer que eu aceito o processo natural e cuido de manter o meu tônus vital o melhor que eu conseguir, com a ajuda integrada dos meios que disponho:

alimentação saudável,

sono regular,

um pouco de atividade física (porque reconheço-me um tanto preguiçosa para isso). A ajuda da tecnologia é boa, mas não é bom que fiquemos inativos; elevadores, escadas rolantes, controles remotos, vidros automáticos, câmbios que não precisam mudar a marcha...

Veja um fato simples: lembra-se do tempo que não tínhamos telefone celular? Nem as extensões espalhadas pela casa toda? Quando tínhamos apenas um ponto telefônico em casa? Quando tocava, quem estava em casa andava até o aparelho para atender. Então veio a extensão e tivemos vários pontos espalhados pelos diversos cômodos. Esse simples fato fez com que a dona-de-casa ou o principal morador dela ao final de um ano ganhasse dois ou três quilos, por conta da não manutenção da atividade de andar para atender o telefone.

Por outro lado se quero controlar o tempo e não envelhecer fico um pouco como o "conselheiro do Presidente" querendo algo inviável.

Os alunos pareciam mergulhar em novos conceitos.

— Meus amores! Quem mais teve dificuldade de aceitar o próprio corpo?

— *Olha, Aparecida, eu me olhei no espelho como você sugeriu, mas não gostei do que vi.*

— Por quê?

— *Estou com uma barriga imensa, não gostei mesmo.*

— Incomodou?

— Bastante. Quero fazer alguma coisa que possa ajudar a modificar a minha silhueta.

— Está tudo muito bem encaminhado, mas o que isso tem a ver com a mediunidade?

Note que o médium quer fazer conexão com os Espíritos celestiais quando não se relaciona bem, nem com o próprio corpo, nem percebe o que sente em relação a ele; quando uma criança vai para a escola e não esquece o rosto da professora, já é um bom sinal, primeiro vai aprender a reconhecer, a escrever, para depois fazer problemas com utilização de elementos algébricos ou logaritmos, ninguém começa a casa pelo teto. Na pedagogia sideral também vamos do mais simples para o mais complexo.

Vamos a cada passo, entendendo um pouco mais que o médium é um cidadão comum que almoça, janta, dorme, namora, faz xixi, toma banho e se não tomar fica sujo e fedido como todo mundo, não é ninguém superespecial. Digo isto porque é comum as pessoas chegarem aqui na clínica dizendo:

> O médium disse que é assim, assado...
>
> O pai de santo falou...
>
> No centro disseram...

Cada um fala o que sabe, no melhor que alcança, como percebe, como entende, e quem ouve valoriza ou não, aceita ou não.

O médium não é o embaixador da "Verdade Absoluta". Ele filtra pelo seu psiquismo o que pode, com a formação e a sensibilidade que tem, até onde sua consciência consegue abarcar faz o melhor que pode, mas não é infalível... não é o dono da verdade.

— *Mas você disse que somos deuses!*

— E você não entendeu: somos todos! Todos somos deuses embrionários! Não só o médium. Quando você ouve sem pestanejar:

o que o médium diz,
o que o pastor diz,
o que o padre diz,
o que o professor diz,
o que o amigo diz,
o que o rádio diz,
o que o jornal diz,
o que o conselheiro diz,
o que o terapeuta diz,
o que o psicólogo diz, você diminui a sua auto-estima, você diminui a sua capacidade de discernimento.

— *Então não é para ouvir ninguém?*

— Também não foi isso o que eu disse! Olha! atenção! ouça e use a peneira, use a capacidade de escolha, separe o joio do trigo... o que serve para você agora, do que não serve.

Ouça e teste...

Ouça, teste e observe...

Ouça e verifique... e nunca perca o resultado de vista. O resultado é a bússola, indica o caminho adequado.

Ouça Alcli, ouça sim! Mas como sugestão que será analisada, escolhida, experimentada, aprovada ou descartada e não como ordem a ser cumprida. Quando você tem abertura para experimentação, quer dizer que você está experimentando, exatamente isto; experimentando para observar se serve ou não; então você não passou o poder de escolha para ninguém, não abriu mão da crença em si, não deixou de confiar em si mesmo, mas está apenas experimentando, observando, escolhendo onde colocará o seu crédito, a sua força.

Uma postura é diferente da outra, na observação você estimula o próprio potencial, na obediência cega você bloqueia o potencial.

— *E se não der certo?*

— O que fazemos quando não dá certo? Reiniciamos. Perseverança é dom do espírito. Será que Michael Schumacher hexacampeão da Fórmula 1, subiu tantas vezes ao pódio de graça? Acendendo velas coloridas ou cantando *mantras*?

A pessoa pode acender quantas velas quiser, e fazer as entonações que acreditar, mas sobretudo deve perseverar no treino daquilo que busca, acreditando em si mesmo, confiando na própria capacidade.

Meu gosto pela música me trouxe oportunidades de observar a capacidade de perseverança bem de perto, amo os encontros musicais, da roda de samba aos concertos; e nas andanças pelas salas musicais conheci o musicista João Carlos Martins, o encontro foi uma bênção pra mim.

João Carlos é pianista e como é de se esperar estudou e executava sua música ao piano... teve os movimentos de uma das mãos interrompidos por uma doença... quando continuou tocando... e a segunda mão também foi tocada pela doença. Pensou em a abandonar a música por absoluta impossibilidade de continuar movimentando as mãos. Viveu amarguras, frustrações, angústias, vergonha regada a lágrimas. Quando tudo parecia finalizado, qual um fênix João Carlos renasce das cinzas e num espetáculo de levantar a coragem de qualquer cristão, despede-se durante o concerto do piano sobre o qual seus dedos se arrastavam numa desobediência satânica, pois não é mais possível o toque ritmado, mas por outro lado a desobediência dos dedos lhe serviu de trampolim.

João levantou-se deixando o piano para trás e seguiu adiante regendo a orquestra.

O público se emocionou ao extremo, mais que ser tocado pelo som do pianista fora tocado pela alma persistente do músico, que impossibilitado de seguir com o piano, prosseguiu com a orquestra.

A semente divina estava ali gritando, se fazendo presente, bastava ter ouvidos para ouvir.

Quando indagado de onde vinha tanta coragem, tanta força, João respondeu que aprendera desde a infância com seu pai a superar as limitações e que ia continuar: morria o pianista, mas nascia o maestro.

João regeu a orquestra com os braços, com o corpo, com a alma, pois suas mãos não conseguiam segurar a batuta, e disse que não ia parar porque havia descoberto que "eu e a música somos um".

Eu fiquei absorvendo tudo que a vida trazia naquele momento, a lição vivida por João debaixo do meu honorável nariz era um livro vivo de auto-estima, uma oportunidade de aprender pela observação, pela sensibilização o quanto a crença no espírito, no potencial é importante: na impossibilidade de seguir com o piano, ele prosseguiu com a orquestra.

Vovó diria: "Se não tiver cão, caça com gato".

Ele aprendeu e ensinou com a lição. A lâmpada quando acende não ilumina apenas o seu interior, mas tudo que está a seu redor. Naquela noite eu tinha ido ao teatro para um concerto, mas a execução da peça musical trouxe no seu bojo:

> uma lição de tenacidade,
>
> uma lição de confiança na vida,
>
> uma lição de sensibilização, a minha consciência cresceu com aquela vivência, trazendo um espaço maior para a atuação da minha alma no planeta.

A oportunidade de crescimento não foi ofertada apenas ao pianista, mas a todos os presentes no teatro naquela noite, aos leitores agora. Nota! Não sofri, apenas observei e aprendi.

João aceitou a limitação física, até porque não tinha outro jeito; ela estava ali presente; mas restava a ele a possibilidade de como reagir, de o que fazer com o que a vida trouxera. Claro! Ele não foi buscar essa situação conscientemente, mas ela estava aí... ao mesmo tempo que ele aprendeu, ele também ensinou.

Ele aceitou o fato sem conformação com a limitação. Fez contato com uma gama enorme de sentimentos dolorosos que também aceitou sem conformismos, aceitou e redirecionou, o que só foi possível porque ele ousou acreditar em si mesmo.

Retomando:

1º) A auto-estima saudável tem raízes na alma e a alma é Deus em mim.

2º) Formamos a nossa estima principalmente na infância, mas reformulamos quando estamos questionando nossos valores.

3º) Nossos valores estão de mãos dadas com a mediunidade.

4º) Mediunidade não é show de fenômenos paranormais, é uma sensibilidade maior, é uma expressão do espírito.

5º) O músico permitiu que mesmo numa situação de maior limitação, a sensibilidade avançasse e estimulasse a si e aos demais.

O músico é o intermediário da música.
O músico é o médium da música.
Adentra no universo dos sons.
Adentra no universo da harmonia sonora.
Adentra no universo da inspiração,
dos acordes,
do ritmo,
da sensibilidade,
da imaginação,
da melodia e de lá retorna com hinos, marchas
ou cantigas de ninar a nos embalar.

Um concerto musical é uma aula de sensibilização subliminar. Além do som e através dele você capta sentimentos, emoções.

O som atua na nossa aura, no nosso astral.

Ocorrem experiências fascinantes quando nos integramos à música.

O músico é o médium da música, independentemente de ser espírita.

Mediunidade é uma faculdade natural do ser.

Recorde-se que sempre que você vai ao centro kardecista ou umbandista, ou à missa solene ou ao casamento, ou ao culto evangélico, sempre há música. Simples coincidência? Não! A música é uma experiência de caráter não-verbal, da alma do artista para a alma do ouvinte.

Podíamos continuar estudando o caso do músico João Carlos Martins, um caso real; mas prefiro estudar os nossos casos, aqui da classe, para irmos acostumando com a idéia que podemos atuar conosco e escrever nossa própria história.

— Quem observou os próprios sentimentos durante a semana?

Parece que começava a quebrar o gelo e uma das moças se aventurou:

— *Eu fiquei com raiva da minha sogra.*

Todo mundo riu, um riso denunciador. Pareceu-me que todos os presentes reconheciam em si o mesmo sentimento, com o mesmo endereço: raiva da sogra. Eu tenho quatro filhos e portanto candidata a ser uma sogra elevada à quarta potência... vou aprendendo com o grupo. Sabe? Quem mais aprende com o grupo sou eu.

— Conte-nos porque ficou com raiva da sogra.

— *Ah! A gente não se dá muito bem! Ela não gosta de mim.*

— E você a ama?

— *Claro que não!*

— Então empatou, mas você não gosta dela, porque ela não gosta de você?

— *É! Não é só isso, é que meu marido que estuda noutra cidade quis participar da festa de formatura e nos convidou para o evento, eu não pude ir. Temos os gêmeos pequenos e mais um bebê novinho em folha; seria muito difícil me transportar para lá com as crianças. Telefonei parabenizando e avisando que eu não iria por causa da odisséia que era viajar sozinha com os três infantes, mas ela foi.*

— A sogra?

— *Sim.*

— E por que ela não deveria ir? Ela tem crianças pequenas? Ou passou procuração pra você escolher por ela? Quero propor que façamos uma releitura da situação: nossa aluna está caminhando muito bem, admite, reconhece, aceita que está com raiva.

— Está ou esteve? — perguntaram.

— *Ainda estou com um pouco de raiva.*

— Observe se é gostosa a raiva. Observe se é prazeroso sentir raiva, se é agradável sentir raiva? Se for... não precisamos nos ocupar com isso, se não for convém dar uma olhada. É confortável ou desconfortável sentir raiva?

— *É desconfortável.*

— Claro! Se não pela concordância mas pelo tom de queixa, trazido na voz. Ninguém se queixa do que é agradável.

A sensação do desagradável traz no seu bojo a possibilidade de transformação, é a fala da vida sussurrada no ouvido: "se está desagradável... troque".

— *Não dá pra trocar de sogra?*

— Até dá! Mas não é disso que estou falando: é para trocar a leitura da situação. Imagine você se formando longe da sua família, sem ter com quem repartir aquele momento gostoso e sua mãe aparece pra te fazer companhia, pra comemorar com você, não é bom?

— *Bem! Olhando assim, é!*

— Outro aspecto: seu bebê cresceu, estudou, trabalhou, deu duro e chegou à colação de grau. Você tem prazer em acompanhá-lo, ou não?

— *Claro!*

— Sua sogra também. É natural a mãe ir à colação de grau do filho, mesmo que essa mãe seja a mãe do seu marido.

— *É!*

— Outro ângulo: se você não pode estar junto dele e alguém se dispõe a fazê-lo, não seria mais justo agradecer a disposição da pessoa que apóia aqueles a quem amamo? Sem contar que foi você que escolheu não ir, ela escolheu ir. Lembra daquela fala anterior "ninguém tem poderes sobre ninguém"?

Nossa aluna estava desconfortável porque queria controlar os passos da sogra, assim como controlava os próprios. O que estava provocando irritação era o fato de a sogra ter uma liberdade de ir e vir que ela não se permitiu.

> Ninguém vai aceitar o outro antes de aceitar-se.
>
> Ninguém vai aceitar o sentimento do outro antes de aceitar o próprio.

Se a energia da nossa emoção, do nosso sentimento ficar contida, bloqueada, parada, perdemos o equilíbrio, nos sentimos vítimas e entramos na estrada da auto-estima precária.

Somos livres para iniciar uma transformação e desfrutar de um estilo de vida mais saudável; é preciso conhecer os próprios sentimentos e os mecanismos deles, senão como lidar com os sentimentos alheios? Médiuns são pessoas que captam energias sutis provindas do pensar ou do sentir de pessoas encarnadas ou desencarnadas.

Como vou lidar com alguma coisa que eu não sei o que é? Se qualquer projeção me derruba? E quando uma entidade projetar sua necessidade em mim, como vou agir?

— *Entidade projeta sua necessidade em mim? Não entendi.*

— Com o tempo você entenderá Alcli. Basta que não se feche, que estude, que observe como nossa amiga está fazendo, para tornar real pra nós mesmos aquilo que pensamos, ou aquilo que sentimos, para que possamos clarificar os nossos desejos. Nossa forma de pensar molda nossa forma de sentir e quando temos um olhar de compaixão para conosco aceitando aquilo que sentimos, conhecemos melhor quem somos na intimidade do nosso comportamento interno.

— *Não entendi de novo! Dá pra exemplificar?*

— Dá! Reveja o presente caso, como Pérola, nossa aluna relatou:

> Não se feche: ela se observou sem julgamentos, se era feio ou bonito, reconheceu que estava com raiva da sogra, quer dizer, viu o próprio sentimento.
>
> Para tornar real pra nós mesmos: quem precisa entender o processo dela é ela, porque é ela que está vivendo essa situação. Eu e você podemos entender, mas o nosso entendimento não faz tanta diferença para a vivência dela. Ela é ela e você é você.

Para que possamos clarificar os nossos desejos: Pérola queria simplesmente mandar na opção da sogra, escolher por ela, tomar para si o poder de decisão da sogra. Este é um raciocínio neurótico, a maior fantasia do neurótico é que ele tem poder sobre o outro. Uma clarificação de desejos para Pérola: cada um só pode escolher situações para si mesmo.

O processo de independência do ser humano começa ao nascer.

— *Ao nascer?*

— Sim. O bebê ao nascer passa a respirar com os próprios pulmões, respirar por si é o seu primeiro ato de independência, seu organismo biológico começa a lhe dar sustentação.

— *Continue explicando, por favor.*

— Nossa forma de pensar molda a nossa forma de sentir. Como aprendemos a pensar? Como os nossos pais pensavam. Na minha infância muitas vezes ouvia a frase: "menina fique quieta!, cale a boca! ou você fala demais!". A minha forma de expressão era lida como um quase defeito. Hoje eu ganho a vida falando, faço palestras, dou aulas, converso com os clientes, apresentei entre outros programas uma revista radiofônica...Você já pensou se eu não falasse?

Observe, meu quase defeito era uma quase qualidade, mas eu não sabia. Durante algum tempo eu ouvi que era uma menina malcriada, uma adolescente malcriada, fui pintando uma auto-imagem com tintas e pincéis alheios, ofertados pelo meio. Hoje eu sei que aquilo que era visto como "mal criada" era capacidade de inovação, ânimo, criatividade, coragem de viver. Era mais fácil cuidar de uma criança bem boazinha, bem obediente, que seguisse todas as orientações recebidas, concordando ou não.

Toda criança aprende na convivência não apenas o que lhe é dito verbalmente, mas também o que vem diluído na vivência.

— *Como?*

— Por modelagem: Carlos tem dez anos e observa que a mãe atende o telefone, fala e sorri durante dez minutos. Quando ela desliga, o pai pergunta:

— Quem era? Ela responde:

— A chata da minha tia pedindo ajuda para a próxima festa que está organizando na igreja.

— E você o que fará?

— *É! Tenho que ir, senão fica chato.* — Palavras ditas com um tom de raiva na voz.

Até aqui Carlos aprendeu que aquilo que sentimos não tem a menor importância, que nossos sentimentos podem ser relegados a um segundo plano mesmo que se trate da tia chata... pra não ficar chato...

Carlos está observando o modelo.

O celular do pai toca, a cena se repete. O pai fala, sorri, faz repetidos acenos afirmativos com a cabeça e quando desliga conta que o colega de trabalho está pedindo que ele cubra o horário, no próximo turno de serviço, do final de semana.

Carlos lembra-se de que havia um projeto de cinema e sorvete para o próximo final de semana, mas que vai ficar chato se disser o que sente, mesmo assim arrisca:

— E o cinema que você me prometeu?

— Vamos ter que adiá-lo, fica chato não atender o colega de trabalho.

Era a 49ª vez, no mês, que ele assistia a esta cena. Ninguém tinha feito o discurso verbal que não interessa o que sentimos, mas que passamos por cima dos nossos sentimentos para ganharmos atenção das outras pessoas, isto ficara bastante evidente na atitude dos pais.

Isto é modelagem, quer dizer, seguir o modelo.

A maior parte dos meus alunos não aprendeu:

a valorizar os sentimentos,

a reconhecer os sentimentos,

a atuar com os sentimentos próprios, mas enquanto médiuns o universo dos sentimentos (o campo astral) faz conexão com os sentimentos alheios, daí a necessidade de aprendermos a atuar com nossos sentimentos, com nossas emoções.

— Quem mais gostaria de se colocar?

Todo mundo olhou para a cara de todo mundo e ninguém falou nada, eu aproveitei a oportunidade:

— Quero que você observe seu sentimento agora. O que você sente quando eu peço pra você falar para todo o grupo ouvir sobre você?

Firmeza?
Insegurança?
Indiferença?
Medo de se colocar?
Coragem?

É isso: ficar presente no que sinto, ser testemunha dos próprios sentimentos (não disse ser o juiz).

Se não sou capaz de notar meus próprios sentimentos como vou notar a presença de um amigo espiritual nas proximidades? Certamente ele precisará fazer um estardalhaço enorme para ser notado, quem não se prestar a estardalhaço já está excluído dessa experiência.

Gostaria que alguém comentasse essa idéia.

— *Você quer dizer que quanto mais "denso" for o médium mais "densa" será a entidade?*

— Não podemos esquecer que existe uma freqüência.

— *O que é freqüência?*

— Imagine um pêndulo, um pêndulo em movimento...

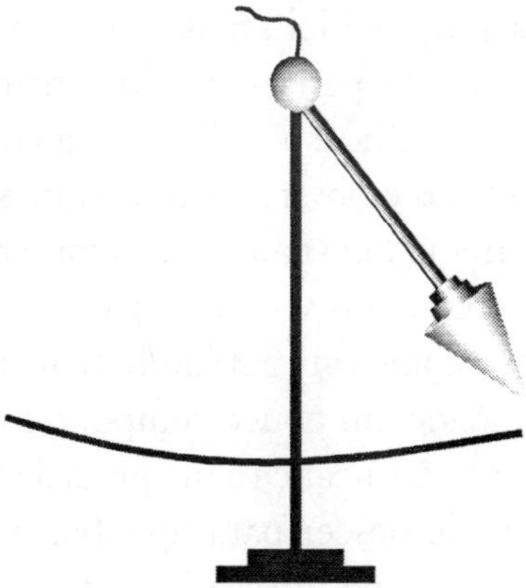

Imagine um pêndulo com 10 oscilações por segundo.

Imagine agora um pêndulo com 1.000 oscilações por segundo.

Imagine agora um pêndulo com 10.000 oscilações por segundo.

Freqüência é o número de oscilações executadas durante um segundo.

Imagine que a ternura, o amor, a amizade têm um tipo de freqüência (A).

Imagine que a tristeza, a mágoa, a indiferença têm outro tipo de freqüência (B).

Imagine que o ódio, a vingança, a violência tenham o tipo de freqüência (C).

O que equivale dizer que cada sentimento ou pensamento tem freqüências diferentes, que quem está vibrando num movimento de 10 oscilações por segundo não pode atingir quem está numa velocidade de 10.000 oscilações por segundo.

— *Ah! Mas o mesmo carro que anda a 10/km, anda a 180/km.*

— Ótima observação Alcli, mas como ainda não temos um medidor de oscilações do pensar ou do sentir, ao menos não declarado, vamos usar o velho e bom “orai e vigiai”. Isto é, ficarmos atentos ao que pensamos e observar aquilo que sentimos. Porque aquela oscilação de freqüência causa um campo magnético e cada campo com sua natureza; mas voltando para a analogia do carro, aquele de motor potente anda até 300km/h, tem motor de arranque, atinge grande velocidade em pouco tempo, mas o carro 1.0 (um ponto coisa nenhuma) não alcança a máquina da Ferrari; em outras palavras o pássaro pode descer para apanhar a minhoca, mas a minhoca não voa com o pássaro; é mais fácil a minhoca fazer parceria com outra minhoca.

É sempre bom lembrar que a freqüência do pensar ou do sentir humano oscila, nem toda hora estamos ternos, nem toda hora estamos indiferentes ou cruéis. Nosso cenário emocional é absolutamente mutável.

Aprender a trabalhar com esse cenário mutável, não visível, é a nossa proposta.

— *Esse cenário é o que você chamou ainda a pouco de campo magnético?*

— Isso mesmo! É a nossa aura, a intersecção, mais que o somatório de nossos vários campos (etérico, astral, mental).

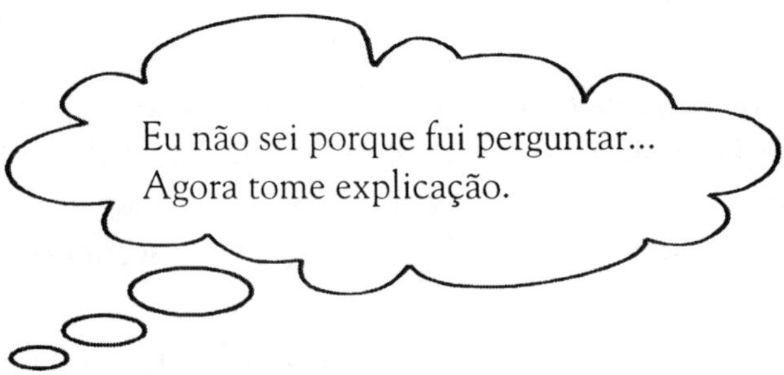

Preciso conhecer um pouco do meu pensar e do meu sentir se quero avançar conscientemente com a mediunidade, uma vez que ela de certa forma é uma lupa: amplifica o que tenho.

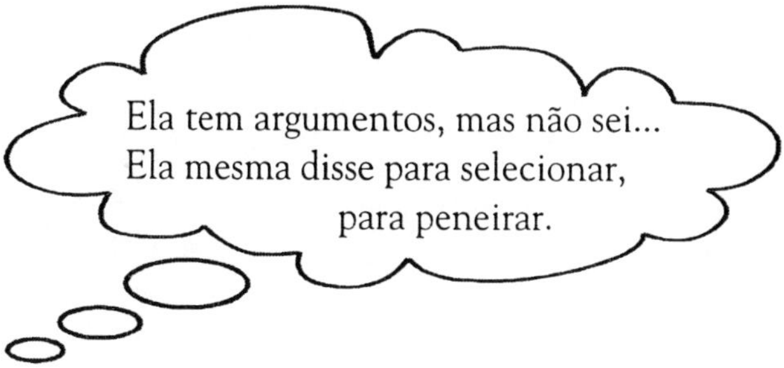

Meus amores, vamos encerrando por hoje, mas de lição de casa além de vocês pesquisar sobre o tema Mediunidade, leiam O *Livro dos Médiuns*, de Allan Kardec, que traz uma outra abordagem. Gostaria que vocês observassem a própria linha de pensamento durante a semana.

— Como?

— Se vocês entram na estrada da vítima, ou se visita o território dos corajosos com mais freqüência.

4ª aula

— Quem fez a lição?

Só duas pessoas das dez do grupo se manifestaram e para o meu gosto de "tia professora" era muito pouco e me coloquei:

— Vejam vocês, meus amores, somos dez alunos, apenas dois fizeram as observações e a pesquisa solicitada, se eu "tia professora" não soubesse lidar com a aceitação, com a compreensão, agora ficaria num estado de frustração — dei a lição e eles não fizeram — daí para me sentir magoada ou irritada é um pulo. Não é assim que nos sentimos quando damos uma atividade para o marido, filho ou empregada?

Então já vamos aprender com a situação presente:

o simples fato de tomar consciência (o que já não é
tão simples assim), de dar atenção a um estado
afetivo, a um estado emotivo, a um sentimento,
muda a freqüência;

tomo consciência que você não fez, não fico frustrada
porque não tenho poder sobre você; reconheço
que apenas posso estimular, mas que não cabe a

mim decidir se você fará o exercício ou não;
minha função não é brigar com ninguém
porque fez ou não fez o exercício.

Quando eu saí da universidade cheia de pedagogismos eu pensava que o aluno ia aprender tudo aquilo que o professor ensinasse; hoje tenho uma outra visão, a função do professor é ensinar, é plantar a semente o melhor que puder, mas o aluno aprende quando quer, quando se aplica, o quanto está maduro para.

A transcendência é feita no exercício diário que favorece a capacitação, não é milagre que ocorra porque eu acendo uma vela roxa, ou por que um dia haverá num curso fantástico um grande conhecimento que me levará ao portal celeste. Minha jornada, minha experiência mostram que a transcendência ocorre um pouco a cada dia, não na descoberta de uma qualidade, mas na sua aplicação; que a iniciação não ocorre num ritual mas a partir da descoberta da alma, da descoberta da autoconsciência, da descoberta da auto-estima e ainda assim não basta a descoberta apenas, é preciso que se use o material descoberto, principalmente. E como é para eu fazer o melhor que eu sei, vamos explorar a lição de outro ângulo.

Reveja com vagar seus sentimentos:

1º) Que você sente quando está na fila do banco, com tempo exíguo, escasso e entram duas pessoas na sua frente? Dê um nome a esse sentimento (...).

2°) Agora se veja após um dia de grande atividade fazendo compras no supermercado. Você lota seu carrinho e vai para a fila do caixa; então entra um cidadão "distraído" com um carro duplo na sua frente. Quero que você identifique o seu sentimento (...).

3º) E na fila da vida o que você sente quando as pessoas entram na sua frente, quando você dá importância à opinião alheia e o seu sentir fica pra trás. Identifique esse sentimento (...).

Você identificou?

Observou seu sentir? Isso é a lição.

Está confortável ou desconfortável esse sentir?

Que você escolhe fazer quando está diante da situação?

Auto-aceitação não quer dizer submissão, é aceitar que a situação existe; o que você fará diante dela é o próximo item.

Quero atenção grande de novo:

Quando você descobre que não gosta de...
assume ou seu sentimento ou sufoca?

Assume o seu sentimento ou finge que não notou?

Assume o seu sentimento ou se passa pra trás?

Sem assumir aquilo que você sente, você não vai crescer em uma de suas partes, o que equivale a dizer que aí tem início uma neurose, uma pessoa neurótica é aquela que está com seu crescimento defasado em algum aspecto, igual a uma árvore que um galho não cresceu.

Tenho observado muito médium de personalidade acentuadamente neurótica, entrar em transe e comunicar aquilo que seu psiquismo é capaz de abarcar e quem ouve acata o que vem, como vem, sem o menor critério de seleção. Observe: não estou julgando, estou constatando e demonstrando como é importante o autoconhecimento, a auto-estima.

Quem confia em si, ouve o outro com critério seletivo.

Está começando a ficar mais clara a conexão mediunidade> personalidade>auto-estima?

— *Mais ou menos!*

Então podemos prosseguir, o médium é uma pessoa de grande sensibilidade, de alta capacidade de captação energética.

Lembre-se: a emissão de pensamento, de sentimento ou emoção de encarnado ou desencarnado forma ondulações vibratórias que são captadas por sintonia, por freqüência pela mente do médium (receptor) onde são interpretadas. Portanto, os médiuns são pessoas que trabalham com energias sutis, com elementos delicados: vibrações, irradiações, reações ao psiquismo ou ao metabolismo orgânico de gente encarnada ou desencarnada.

Essas energias são captadas pelos centros de forças e canalizadas por ele próprio ou por amigos espirituais.

Repetindo: por ele próprio ou por amigos espirituais.

Destacando: por ele próprio.

É aqui que nos situamos: por ele próprio. Quer dizer, o médium cuidando do seu próprio processo, desenvolvendo seu potencial, gerenciando seu sentir, saindo de dentro do berço e ganhando um espaço maior.

Ninguém está dispensando ajuda do amigo espiritual, estamos buscando crescer em espiritualidade. Acompanhe o meu raciocínio, se o mentor chegou lá, eu posso chegar também, se ele é filho de Deus eu sou também, se o Pai do Céu o dotou de capacidade, dotou a mim também.

— *É que ele já trilhou um longo caminho...*

— Que eu estou trilhando também. E não sei se é longo ou curto. Você tem fita métrica para medir essas distâncias? Não é de bom senso dizer que o caminho é longo ou curto quando o caminho não foi medido, seria mais adequado dizer: eu suponho que o caminho seja longo.

— *Nessas alturas eu não suponho mais nada!*

— Ótimo, fica mais fácil de entender, de elaborar novos conceitos. Observe, não é uma heresia querer aprender, não esqueça que enquanto professora, eu entendo como saudável o querer aprender.

Querer aprender é um impulso, é uma força natural doada pela vida; assim como a semente traz em si uma capacidade natural de crescimento, o homem também, só que de forma mais participativa, mais atuante, o homem tem curiosidade; busca conhecer. Conhecendo e praticando o que aprende, ganha habilidade e desenvolve o

> eu posso,
> eu consigo.

Oras, o "eu posso" é o poder atuante, o poder em ação. O homem participa do próprio processo de crescimento.

Mediunidade é uma ferramenta desse crescimento. Não querer participar, não querer aprender, não desenvolver a habilidade de trabalhar com o próprio potencial é... (burrice.)

> A vida convida.
> A vida sinaliza.
> A vida dá recados.
> A vida apela.
> A vida grita, caso o cidadão tenha ouvidos tapados,
> aí e só aí, ela passa para o setor do pescoção,
> do sofrimento, da dor, da doença, que são
> recursos mais densos para experiências
> mais densas, para o cidadão mais denso.

Coloque-se no lugar do mentor: você prefere um aluno que gosta de aprender, que participa do próprio processo de aprendizagem, que crê no potencial ou um aluno que se abandona e acha que tudo é por conta do mentor, um peso morto que o mentor tem que arrastar?

Faz tempo que aprendi que entre o professor ensinar e o aluno aprender vai uma distância. Ter estado na regência de classe por longo período me propiciou observar que aluno com boa auto-estima, tem maiores chances de êxito.

Vamos observar como anda a nossa auto-estima, seja verdadeiro para você mesmo, nem precisa comunicar ao grupo, é o exame de consciência, é o jogo da verdade:

— Como você se sente quando vai pedir aumento para o patrão? Para o chefe? Quando você percebe que seu filho trouxe maconha para casa? Enfrenta ou finge que não viu?

— *Ah! Não tenho filho!*

— Transfira para uma situação equivalente no seu universo; não espere que eu tenha apenas exemplos adequados a você. Use sua sensibilidade a seu favor. Comece o treino agora, com boa vontade. É para você trabalhar com você.

Aluno que espera aula pronta será sempre aluno, nunca professor...

— Que você faz quando encontra um bilhete na carteira do seu marido? Alguém respondeu:

— *Leio o bilhete: era de alguém dizendo que estava com saudades dos momentos que passamos juntos...* E segue por aí...

Fez-se uma indagação no rosto de cada participante e a narrativa continuou:

— *Ele, meu marido, é médico e participou de um projeto de saúde no interior de Tocantins durante o primeiro trimestre de quatro anos atrás; eu só encontrei o bilhete depois de dois anos do encerramento do programa, caiu de dentro de um livro, eu não estava procurando nada na carteira de ninguém. O bilhete estava datado da época em questão, durante o projeto de saúde. A minha saúde veio abaixo. Fiquei sem o chão debaixo dos pés.*

— Diga-nos das sensações registradas no corpo.

— *Parece que o rosto esquentou, que as mãos gelaram, tremeram, senti aceleração do ritmo cardíaco, senti muita raiva, depois chorei muito. Foi horrível.*

— Foi ou é?

— *Foi... Respondeu a aluna sem muita convicção.*

— Vamos observar: o rosto que esquentou enquanto as mãos que gelaram (oposições, contrastes).

"O rosto esquentou" — podemos ler como um vulcão de emoções e as mãos que gelaram podemos entender como frio na ação. Olhando um pouco mais a situação, o rosto esquentar pode representar muita raiva e raiva é capacidade de iniciativa, de ação, raiva é a outra face da coragem.

"As mãos gelaram" — as mãos representam nossa ação, o gelo a paralisação, é o como vou reagir, o que vou fazer! Muita gente finge que não viu, assim não tem que tomar atitude nenhuma, fica mais cômodo.

"Depois chorei muito" — desabafo, catarse, pôr para fora.

"Foi" — verbo no passado, ainda que sem muita convicção, mas em tempo passado.

— E que mais?

— *Depois de uma semana achei que estava mais calma e fui*

conversar com ele sobre do fato. Ele disse ser um acontecimento sem importância, se sentira sozinho... distante... Eu pensei que estava mais calma, mas perdi o ritmo, armei um barraco, fiz uma guerra, eu me senti vítima, traída.

— Ninguém trai ninguém, cada um segue sua própria natureza. Apenas traímos a nós mesmos.

— *Hoje entendo isso, um pouco melhor, na época não.*

— Fantasiamos, imaginamos o outro e quando enxergamos além da imagem criada, nos sentimos traídos. Expliquei e a narrativa continuou:

— *Ele disse que se fosse alguma coisa séria, não teria voltado, que aquele fato pertencia ao passado... e discursou em cima dessa idéia.*

— E você o que observou mais sobre os seus sentimentos?

— *Acho que mais nada. Eu o desculpei, depois tive mais uma e outra sessão de desenterra defunto, mas agora acho que passou, acho que desculpei.*

— Você quer olhar outros aspectos dessa história?

— *Que aspectos?*

Na pergunta estava implícito em tom de afirmação, o querer olhar. A aluna aceitou.

— Você exerce alguma função, um trabalho remunerado?

— *Não!*

— É o seu marido que faz toda a manutenção da casa? Que paga as contas?

— *É.*

— E você levou isso em consideração ao desculpá-lo?

— *Isso o quê?*

— O teto, o apartamento, a casa, o carro, a conta bancária, a própria manutenção.

— *Isso é coisa que se pergunte?*

— É Alcli. É sim! Ela contou que se sentiu traída, com patrimônio ameaçado uma vez que ela não trabalha, mas não contou que resolveu arrumar um emprego... E precisamos ser honestos para conosco, para com os outros é um estágio que só virá depois deste, mas conosco é indispensável, se quisermos nos desenvolver; não há ninguém no país da iniciação que não tenha o salvo conduto da consciência de si mesmo.

Lembre-se: no terreno da aceitação plante a semente da consciência.

Consciência do que penso.

Consciência do que sinto.

Consciência desta ou daquela atitude, deste ou daquele comportamento, é ir apresentando quem sou, pra mim, é ir me conhecendo em profundidade.

É no conhecer-se que mora a capacidade de realização.

O campo da potencialidade pura é o próprio EU, não um "eu-zinho" minúsculo de personalidade, mas um EU-zão de Essência.

Eu não sou meu comportamento, porque o comportamento pode ser mudado.

Eu não sou as minhas emoções, porque a emoção vem e passa.

Eu não sou o meu conhecimento, porque o conhecimento pode ser alterado.

Eu sou o que permanece.

— *Cada vez fica mais complicado: por que preciso me conhecer em profundidade?*

— Exatamente para poder participar com mais consciência do seu processo de desenvolvimento. Não há um caminho pronto, não há receitas prontas, cada um vai como um bandeirante abrindo o próprio caminho, mas lembre-se que ninguém vai desenvolver auto-estima a menos que

tenha noção clara do que é auto-estima,
de como se desenvolve,
de como fazer a manutenção,
que tudo isso envolve ação interior.

A auto-estima saudável é para a mediunidade o que o alimento é para o corpo.

— *Explique de outra forma, por favor.*

Não há mediunidade saudável em médium de personalidade doente, e o que alimenta a personalidade saudável é a auto-estima mantida em elevados níveis.

A auto-estima precária é o sufocamento da alma.

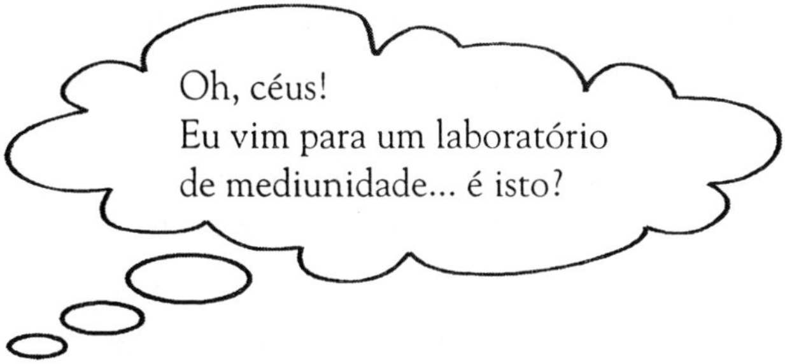

— *Aparecida! Exemplifique.*

— Claro! Vamos reconhecer a auto-estima precária.

Em primeiro lugar, gente que tem necessidade de reconhecer o outro como inferior, como menos; isso é sinal claro de baixa estima.

Pense: se mediunidade é sintonia, aqui estabelecemos um *rapport*, uma ponte, um gancho, uma conexão com a energia "inferior" ou "menos" que nos circunda. Não é a energia que corre atrás de mim, sou eu que me conduzo, que me reporto àquele universo.

Logo a seguir, gente que faz auto-sabotagem.

O cidadão busca muito uma promoção, mas não se crê capaz de conseguir porque julga que o chefe tem favoritismos, que fulano é um bajulador, o outro é primo do diretor e outras coisas no gênero. Depois de um tempo a promoção vem, mas como ele "nem acredita", não se prepara para a reunião, se sente alvo de invejas. Ele está num processo de auto-sabotagem, deu até pra ele conseguir a promoção, o que não está dando é para mantê-la. Até o dia que o nosso herói apresenta-se drogado e perde o emprego.

Aí chega aqui, achando que a promoção era muita areia para o seu caminhãozinho.

Com uma auto-estima dessas era mesmo!

Pertenci a um centro espírita no qual eu orientava um grupo de estudos, era o bloco do vai quem quer (estudar). As pessoas eram convidadas a estudar-se, foi lá que nasceu o laboratório de mediunidade. Os freqüentadores, as pessoas que iam tomar o passe, faziam suas inscrições e vinham ao encontro uma vez na semana, curiosamente os médiuns não se inscreviam e não participavam.

Eu fiquei observando e os fatos foram se revelando, os médiuns não se inscreveram porque já eram médiuns, já trabalhavam na casa, qualquer coisa próxima de: já atingi o posto máximo, estou acima do bem e do mal, tenho o "status" de médium.

Quem acredita que já sabe tudo, não tem mais nada para aprender.

Veja aí a relação da atuação "crença-mediunidade".

Cada um é livre para escolher o que quer acreditar e viver a situação que deu crédito.

Depois tem gente que tem falta de generosidade em relação à contribuição alheia, é um sinal de baixa estima em relação a si mesma. É uma atmosfera clara da própria insegurança, o temer a capacidade do outro: do companheiro ou do subalterno.O cidadão engaveta um projeto, uma boa idéia, por sua pequenez prejudica o progresso do grupo.

Transfira isso para o trabalho mediúnico... A minha vaidade não permite a sua colaboração, mesmo que ela seja útil.

O médium é um ser humano buscando aperfeiçoar-se, claro! Quando busca, mas aperfeiçoar o quê? Como? É preciso autoquestionamento.

Incapacidade de mobilizar o melhor do outro também é sinal de baixa auto-estima. Mas como vou mobilizar no outro se não sei mobilizar nem em mim. Luz apagada não ilumina nem dentro, quanto mais fora.

O pessoal que caminha no rumo da doença, no uso das drogas,

que participa de rachas, tem um indicativo de baixíssima auto-estima, de nenhum valor pela própria vida, pela própria saúde. Também possui auto-estima precaríssima aquela pessoa que permanece com um cônjuge violento, é uma clara demonstração de falta de confiança em si.

O máximo da situação é a busca do suicídio. A pessoa se crê sem confiança de aceitar os desafios e sucumbe.

Numa dose mais amena a auto-estima precária é identificada através de:

> um mau relacionamento,
> um emprego que não satisfaz,
> hábitos destrutivos de vida (come demasiadamente, bebe e fuma muito) ou
> fantasias desastrosas, ou ainda depressão crônica, ansiedade crônica.

Quando a auto-estima é frágil diminuímos a nossa resistência diante das diversidades, desmoronamos quando a situação apresenta dificuldades.

Se não acreditarmos em nós o mundo passa a ser um lugar que só oferece perigo. Para o médium não é diferente.

— *As pessoas com auto-estima fortalecida estão acima dos problemas?*

— Não! Não estão acima dos problemas, mas não se identificam com eles, recuperam-se mais facilmente porque crêem que estão de mãos dadas com o Criador e daí tiram mais coragem.

A propósito, vovó dizia: "Corajoso é quem faz com medo". Na sua sabedoria popular ela sempre dizia que coragem e medo são as duas faces da mesma moeda.

A pessoa de auto-estima baixa tem fome de aprovação:

— Ficou bom o vestido em mim?

— Gostou do meu corte de cabelo?

— Que achou do jantar que preparei?

— *E com as crianças?*

A auto-estima precária na criança em idade escolar é vista através da timidez ou da agressividade mal conduzida; às vezes a criança é muito quieta ou no lado oposto vemos a sua precariedade de auto-estima através da explosão emocional, outras vezes ela reluta em assumir desafios ou é impulsiva, outras vezes é muito ligada aos pais, ou banca a valentona.

É temerosa quanto aos erros, ou culpa os outros pelas suas falhas.

Quando eu percebia esses sinais nos pequenos, antes de trabalhar o conteúdo das matérias escolares eu trabalhava os "conteúdos" da auto-estima.

Uso o mesmo método para mediunidade; antes de estudar os fenômenos paranormais estudamos a personalidade e a auto-estima da pessoa.

O médico não cuida da doença cuida do doente, da pessoa. Espera-se.

O terapeuta não cuida da neurose, cuida do cliente. Espera-se.

O professor não cuida do conteúdo programático, mas usa o conteúdo para desenvolver o potencial do seu aluno. Espera-se.

Eu sou uma professora. Espero.

Tenho a pretensão de estimular a sua capacidade de maior sensibilidade, se você permitir. Gosto de lembrar (creio que mais para mim mesma) que não tenho poderes sobre ninguém.

— *Aparecida, e a auto-estima saudável como reconhecer?*

— A pessoa não tem necessidade de se ver como superior a ninguém; reconhece o seu valor e o do outro também. Não precisa provar seu valor para ninguém, medindo-se como um padrão comparativo para ninguém, nem pra si mesmo.

Tenho uma boa amiga que ensina nas suas aulas de Bioenergética, que quem se compara vira resto. Vira resto: o que resta por não ser igual o modelo.

As pessoas com boa auto-estima têm prazer em ser o que são — são saudáveis.

Sabe! Eu tenho um cão enorme, setenta quilos de cão preto e canela, quando eu chego ele abana o rabo, ou melhor o cotó, porque tem rabo aparado. Ele não se compara a nenhum outro cão, não escala os muros para ver se o cão da vizinha abana ou não o rabo quando ela chega.

Quando eu chego o meu cão, o Capone, tem prazer em ser o que é, um cão efusivo. Ele apenas segue sua natureza.

Você segue sua natureza? Escuta sua Essência?

Esta semana gostaria que a nossa lição de casa fosse observar a nossa semente divina, a autoconsciência.

Façamos do comprometimento com o processo de conscientização um estilo de vida, um jeito de viver.

Quero que de lição de casa você observe o quanto oscila entre a auto-estima saudável e a auto-estima precária; observe se permanece mais na realidade, ou se você nega a realidade.

Na última semana atendi uma cliente diplomada em

medicina que estava com um caroço no seio, mas que se recusava a fazer os exames necessários (dificuldade de encarar a realidade).

Auto-estima saudável	Auto-estima precária
Intuição	
Criatividade	Medo do novo
Independência	Conformismo ou rebeldia

A pessoa de auto-estima saudável liga-se à Essência e descobre um caminho, a intuição, uma ligação direta com a Sabedoria Universal. Fazendo uso da intuição naturalmente você atua com criatividade. A maioria dos meus alunos chega aqui defendendo a tese do "medo do novo", não sei em que escola eles aprenderam essa defesa, mas fazem-na com ardor, mas cá pra nós, quem defende o medo do novo nunca atua com criatividade, fica sempre na mesma... sempre na mesma... sempre na mesma... também não faz boa parceiria com a independência.

Flexibilidade	Inflexibilidade
Benevolência	Postura defensiva
Cooperação	Submissão / controlador
Coragem	Medo de errar
Mais fluidez	Mais represamento

A pessoa mais flexível se adapta melhor às situações, a mais inflexível é mais defensiva e colabora menos. Quem fica na retranca, quem fica muito na repressão ou fica muito submisso ou muito controlador, usa pouco a iniciativa, por medo de errar.

Realizador	Não-realizador

Quanto mais aspiro algo, mais busco, mais realizo naquela direção; quanto menos aspiro, menos me empenho, menos consigo.

Mais coragem de se colocar — são pessoas mais abertas, mais honestas na comunicação.	Menos coragem de se colocar — são pessoas de comunicação mais evasiva.

O médium faz um serviço de comunicação interdimensional, quem não se comunica bem por aqui, por vezes é chamado à psicografia ou psicofonia para aperfeiçoamento da própria comunicação, como uma dádiva da aprendizagem.

O músico executando sua habilidade treina para o aperfeiçoamento.

O médico executando sua função torna-se mais capaz, mais experiente.

Busque compreender como a sua mediunidade ajuda o seu aperfeiçoamento, como a sua sensibilidade ajuda seu desenvolvimento pessoal.

Faça sua lição de observação lembrando-se que a natureza da auto-estima se revela

em cada ação,
em cada expressão facial,
em cada gesto,
em cada fala.

Até o tempo gasto nas suas atividades revela seus valores.

Tempo é opção.

Quando você diz não tenho tempo de... está dizendo que não fez opção por.

Ampliar sua auto-estima saudável, é usufruir mais da sua alma, da sua espiritualidade, da Vertente da Vida no cotidiano.

Viver com a consciência ligada na Essência é muito mais fácil.

5ª aula

Os alunos que não vieram a partir da segunda aula, abandonaram o curso. Eu não fui a única a notar e o Alcli comentou:

— *Aparecida, você foi muito incisiva! Eles não voltaram.*

— Há tempo para tudo: tempo de plantar e tempo de colher. Não se planta hoje para colher amanhã. Os alunos desistentes não estão amadurecidos para o processo que aqui aperfeiçoamos: olhar, tomar consciência e atuar na própria expansão. Já descobriram que existe a vida do espírito sobre a matéria, agora vão perceber aos poucos o quanto isso é profundo.

As pessoas estão em diferentes níveis de entendimento, algumas já notaram que o mundo não é como elas fantasiaram, como elas querem, outras ainda estão amadurecendo essa idéia, cada uma vai com a experiência aprendendo aquilo que precisa e não o que a sua imaginação solicitava; como a criança que aprende o que necessita e não necessariamente o que solicita.

Conosco eles ouviram nosso conceito de mediunidade: uma ferramenta, um sentido a mais a enriquecer o nosso Universo, mas não creio que tenham entendido, apenas ouvido. É o que era possível para o nível de entendimento que já atingiram. Não é uma crítica, mas uma visão, uma observação.

Cada um calça o número de sapato com o tamanho do próprio pé, é natural.

Vamos verificar o rendimento da semana:

Quem se percebeu muito tímido ou muito esquivo? É um disfarce da nossa vaidade, do nosso supercontrole.

— *Não entendi.*

— Para não me expor, para não enfrentar nada, para não correr riscos me fecho e digo "sou tímido" e fico escondido atrás desse disfarce. A vovó dizia que quem não faz, não erra. A pessoa não tem coragem de se expor, se recolhe como um caramujo dentro da casca e fica lá guardada, querendo com isso controlar a opinião que os outros fazem dela.

Isso para a mediunidade é um entrave.

— *Por quê?*

— Imagine a situação desconfortável que fica o médium que quer controlar a opinião que o outro terá sobre seu transe.

— *É mais fácil ele ficar no controle e sufocar o transe. É isso?*

— É! Para não errar, ele controla. Isso não é aspecto da mediunidade em si, é aspecto da personalidade do médium. É por isso que cuidamos do médium, o fenômeno é uma simples decorrência do processo. Uma outra forma de controle é ser agressivo, ter uma explosão emocional; quantas pessoas você conhece, que para não enfrentar as situações mais desafiadoras reagem com uma crise emocional? Essas pessoas também têm mediunidade e entre outras coisas, como estão condicionadas à crise emocional vibram nessa freqüência, e por freqüência são exímias receptoras de crises emocionais.

— *Por que estão em sintonia?*

— Você é um quase gênio!

— *Aparecida, eu me observei durante a semana, não na relutância em assumir novos desafios, o que já entendi que é um sinal de baixa auto-estima, mas respondo impulsivamente às situações.*

— Seja mais clara.

— *Fui na reunião da escola da minha filha e quando dei por mim estava palpitando, dando rumos ao departamento de recreações extraclasse da terceira série. A professora me convidou para coordenar o departamento e no impulso respondi que sim; com mais vagar pude ver que não tenho tempo nem conhecimento suficiente para isso.*

— "Pude ver" já é muito bom, é sinônimo de... "me conscientizei em algum nível que... Complete a frase... — solicitei.

— *Me conscientizei que... sou impulsiva... linguaruda, se eu tivesse ficado quieta...*

— Mas não ficou, quero saber o que vai fazer agora?

— *Agora tenho que ir, já disse que ia.*

— Troque a frase "tenho que ir" por "escolho ir".

— *Mas eu nem escolhi.*

— Então escolha, ou reescolha agora! O que você quer fazer de verdade?

— *Ah! Não me sinto capaz.*

— Não fuja! Perguntei o que você quer fazer, se quer ir? Não precisa saber tudo de recreação para ir, você pode aprender com a situação, pode estagiar no grupo de recreações extraclasse da quarta série e adaptá-las ao pessoal da terceira série.

Pode solicitar da professora um tempo para concluir alguma atividade e colocar esta, em substituição à tarefa encerrada. Se não quer ir, procure a professora e apresente sua desistência mesmo antes de tentar.

Outro dia ouvi alguém dizendo que uma máquina só tem um jeito de ação: a máquina de lavar roupas, só lava roupas, só obedece ao programa.

Um bicho tem mais possibilidades: ataca ou foge.

Um homem tem três possibilidades.

Ao ouvir pensei: deve ser um homem bem burrinho, só três possibilidades é muito pouco, o homem tem infinitas possibilidades... além de soar melhor, é verdadeiro.

Para explorar as infinitas possibilidades ele necessita de auto-estima saudável.

Estamos caminhando a passos largos, observamos o que fizemos, estamos nos colocando, discutindo e escolhendo (por qualidade) opções mais adequadas. Agora é hora de você optar frente à situação por aquilo que julgar melhor pra você neste momento, com o conhecimento que você tem agora. O que você pode ou não pode fazer. É você que determina a extensão do seu poder, e isso também é treino.

Alguém se observou dependente demais?

— *Eu me observei precisando do meu marido para me levar, me buscar...*

— Quem te traz aos nossos encontros?

— *Ninguém! Venho sozinha.*

— Ninguém! Também poderá conduzi-la a outros lugares. Você não é siamesa.

— *Siamesa?*

— Alcli! Já para o dicionário! Das dificuldades mais comuns que por aqui desfilaram, ganham destaque as do convívio familiar. Alguém aqui tem dificuldade de convívio? Saiba que a dificuldade é sua. A facilitação do convívio "com" é habilidade minha, se bem que o mais comum é culpar o outro e aguardar que ele se transforme para que a minha convivência seja facilitada.

— *E quem pede ajuda ou confirmação muito freqüentemente?*

— Não explora o próprio potencial, o que é sinal claro de baixa auto-estima.

— *E quem sempre quer agradar às outras pessoas?*

— É candidato a dores abdominais, porque fatalmente engolirá excessivos sapos no intuito de agradar sempre.

Sinaliza baixa auto-estima quem teve pais superexigentes ou superprotetores, uma vez que a proteção exagerada incapacita, pois não estimula a crença na capacidade de aprender, de se tornar independente.

Tem estima precária quem tem medo de falar em público, também aquele aluno que pergunta o que sabe de antemão ser a resposta certa. Está em busca da aprovação do professor frente ao grupo.

— *Ele precisa da confirmação do outro?*

— Sim.

— *E quem pergunta porque não sabe e quer aprender?*

— É sinal de auto-estima saudável a pessoa gostar de aprender. Está atuando com uma força natural, a curiosidade. Sempre valorizei em primeiro lugar o esforço para a aprendizagem, não o resultado obtido. Notava nos colegas educadores a dificuldade deles em reconhecer os esforços dos seus pupilos.

Gente! Cada esforço é uma conquista. E vai ajudar bastante também uma dica: escolha objetivos mais próximos, pois as perspectivas irrealistas facilitam o surgimento da auto-estima precária, busque dar um passo de cada vez.

Não pedimos de início que o bebê manipule corretamente o garfo e a faca, começamos com a colher pequena adequada ao tamanho dele, para depois da habilidade desenvolvida com a colher, passarmos para o garfo. Na mediunidade não é diferente, primeiro treinamos a observação e os ajustes, a expressão dos próprios sentimentos, das próprias idéias e quando ganhamos habilidade nesta fase, passamos à próxima.

— *É por isso que estamos estudando a nossa auto-estima? Para só depois caminharmos para os fenômenos mediúnicos?*

— Meu quase gênio, é altamente estimulador trabalhar com você. Você tem vontade de aprender.

— *Aparecida, e a auto-estima e o relacionamento conjugal? Eu estive de olho nisso. Esta semana que passou recebemos um casal para o jantar. Na minha observação os dois tinham baixíssima auto-estima.*

— É muito compreensível que assim ocorra pois a pessoa de auto-estima saudável atrai por seu campo magnético outra pessoa de auto-estima também saudável. Quanto mais elevada for a nossa auto-estima, mais propensos estamos a criar relacionamentos que nos sejam nutritivos, é só observar a sintonia. Aprenda a fazer observações mais profundas. Não é habitual encontrarmos um relacionamento feliz e duradouro entre duas pessoas que uma tenha baixa auto-estima e a outra tenha auto-estima elevada. Por vezes o romance até inicia, mas não tem vida longa. Note que estou falando em relacionamento durável, não estou falando do pessoal que "fica".

Quando os dois têm nível baixo de auto-estima fazem parte da mesma situação, eles se buscam e se encontram, ambos não se valorizam. São "almas gêmeas".

— *É possível fazer alguma coisa? Ajudar?*

— Depende. Alguém solicitou ajuda?

— *Não.*

— Então você já respondeu a pergunta. Só podemos prestar alguma ajuda quando há espaço, quando há solicitação para isso. Caso contrário não é ajuda, é invasão.

Uma das alunas, agora o grupo estava composto por nove moças e o Alcli, perguntou:

— *Como atuar na resolução do conflito conjugal?*

— Não há receitas, cada um é um. Eu começo alertando o casal, ou a parte dele que me procura, no sentido de fazer perceber que o conflito vai continuar enquanto a identidade de cada um estiver atada ao relacionamento. Cada um é um, cada um tem seu particular jeito de ser.

Você não é a briga, você não é a situação, você não é o relacionamento, assim como seu parceiro também não é. O comportamento, aquilo que cada um fez, ou falou, é apenas isso: um comportamento ou uma fala e, portanto, pode ser alterada desde que se queira.

Separar a pessoa do fato, da situação, ocorre mais facilmente quando cada um deles se desidentifica da situação, quando olha a situação com um certo distanciamento, quando cada um se empenha na conquista da elevação do seu nível de auto-estima, num empenho real, assumindo que essa possibilidade existe.

Não basta eu querer algo, preciso me dedicar a. Não adianta eu pedir compreensão para o meu parceiro aos berros ou com palavrões.

Num segundo momento é necessário perceber um certo grau de independência um do outro, para que cada um possa ter espaço para respirar, para crescer. Tenho uma cliente que chegou aqui com sessenta anos, recém-viúva, quatro filhos casados ocupados com suas próprias vidas. Ela não tinha mais de quem depender, faltava-lhe o chão debaixo dos pés. Veio trazida por uma ex-aluna, mas acalentando a idéia que eu ia fazer correio além-túmulo; essa possibilidade existe e eu respeito, mas o laboratório visa ensinar o aluno a trabalhar com a mediunidade dele pra ele, e não a ficar dependente da minha, senão como fica o autodesenvolvimento? A auto-orientação? Todos os filhos dela estavam ocupados com os próprios filhos, a vida levara o marido. Ela ficara sozinha. Quando ia aprender a andar com os próprios pés? Ela queria manter a dependência e se ela não mudasse essa opção, eu não tinha nenhuma ajuda a ofertar; não o que eu chamo de ajuda; mas se ela quisesse arriscar-se a crescer teria em mim uma aliada.

No decorrer de nossos encontros ela descobriu potenciais enormes debaixo da capa da dependência.

— *Ah! Não tenho quem faça isto ou aquilo.*

— Faça você. Pai do Céu nos dotou de duas mãos prevendo que iríamos precisar delas.

— *Ah! Eu não sei...*

— Pode aprender: leia isto... telefone para... indague por...

— *Não tenho com quem ir ao...*

— Vá sozinha!

— *Mas eu nunca fui sozinha em...*

— Aproveite, sempre há uma primeira vez.

— *Mas eu já tenho sessenta anos...*

— E daí?

Aos poucos ela, em ritmo próprio, foi descobrindo que podia arregaçar as mangas ao invés de ficar apoiada no muro das lamentações. Resultado: descobriu que podia gerenciar sua vida, suas necessidades, suas finanças.

Todas as pessoas precisam tomar consciência das suas aptidões e sem espaço para tentativas fica muito difícil. Ainda ajuda muito a resolução de conflitos conjugais quando somos capazes de reduzir o uso de projeções, bem como ter uma forma mais aberta, mais clara de comunicação.

Por mais paradoxal que possa parecer quanto mais somos independentes, maior e mais profunda será a nossa comunhão com a outra pessoa, sem perda da própria identidade.

Sabe gente! As pessoas levam suas dificuldades de auto-estima para a profissão, para a mediunidade ou para o relacionamento conjugal e as conexões que por aí ocorrem são afetadas pela sua forma de lidar com a vida.

O difícil não é a profissão, ou a mediunidade ou o casamento, mas a forma como eu lido com isso e em nenhuma circunstância é bom perder a individualidade.

— *Um exemplo?*

— Uma pessoa mais agressiva tende numa relação a absorver mais espaço. Um dos exemplos é aquele cliente que apresenta suas necessidades, seu trabalho, suas opiniões como as mais importantes que as de sua companheira, que por sua vez é mais passiva e sacrifica sua individualidade para agradá-lo, em nome da "manutenção da paz". Quanto mais profundas as dificuldades de auto-estima dos cônjuges, mais tempo dura o conflito.

O agressivo casa com a passiva. A vida juntou os dois com que finalidade? Que aprendizagem eles podem tirar daí?

— *E no caso do exibicionista e da inibida?*

— É na mesma direção. Há sempre uma sabedoria diluída em cada situação. A pessoa agressiva pode aprender algo com a passiva e vice-versa, assim como o exibicionista pode aprender com a mais reservada, ou o racional pode aprender com a emotiva.

É para aprender! Eu aceito e aprendo com o outro, o que não quer dizer que aceitando, vou fazer igual; eu aceito que você fume, o que não significa que eu vá fumar também. Eu aceito que você tenha suas vontades, o que não significa que vá torná-las minhas também.

Eu sou eu.

Você é você.

O mentor é o mentor.

Nos comunicamos com o mentor, mas não somos ele. Entendido?

— *Entendido!... Eu sou eu... você é você... Gostei disso.*

— Quando você já assimilou que: "eu sou eu e você é você", assimilar que mentor é o mentor já é mais viável. Vamos praticando uma lição de cada vez. Aqui dentro da sala é fácil perceber que cada um é um? Ou você se sente atado em alguém?

— Não me sinto atada a ninguém — disse uma das alunas.

— *Como posso perceber que estou atada a alguém e relacionar isso com a auto-estima?*

— Pense num assunto ou num sentimento que te seja bastante importante... pronto?

— *Pronto!*

— Agora pense se você sustenta isso facilmente ou fica constrangida na frente de alguém? E por que sente esse constrangimento? Cada um encontrará motivos próprios. À medida que nos observamos descobrimos mais um pouco sobre nós mesmos, vamos ganhando habilidade nessa área.

Vamos fazer um passeio interior e olhar:

nossas tentativas de domínio do outro,
nossas tentativas de controle alheio,
nossas tentativas de empurrar as coisas,
nossas tentativas de agredir,
nossas tentativas de manipular,
nossas tentativas de exigir demais,
nossas tentativas de que o outro supra nossas carências.
E quando olhamos e vemos fica mais fácil de
gerenciar isto.

Quando não vemos, caminhamos no escuro e damos topadas, o que é válido também para a mediunidade.

Pense no médium que se coloca frente ao mundo, numa postura de mártir de uma pessoa carente ou como uma pessoa absolutamente passiva (lembrando que estes são aspectos da personalidade e não da mediunidade). Como ele conduz a situação? Com que natureza de magnetismo ele atua?

Via de regra a pessoa carente vê na outra a responsável pelo seu bem-estar, busca na outra o suprimento de suas necessidades... é aí que as coisas começam a distorcer. Já atendi muita gente que chega aqui na clínica pedindo:

um trabalho para o namorado voltar,
uma simpatia para o filho passar no vestibular,
que eu faça uma reza forte pra ela arrumar um emprego.

Os mais "escolados" pedem de outra forma:

quero saber da causa espiritual deste ou daquele fato,
quero saber porque tive um filho doente,
quero saber porque ele pediu a nossa separação
depois de oito anos de casamento...

O primeiro grupo quer uma magia de efeito milagroso, um mercado persa com o guia, onde eu faça a embaixada; ele não percebeu que fazemos nossos próprios milagres um pouco a cada dia. O segundo grupo é mais intelectualizado e quer saber a causa disso e mais aquilo, porque supõe que sabendo a provável causa, vá manipular a vida. Nenhum deles perguntou o que posso fazer diante da situação. O que posso aprender com o fato.

Eles querem soluções prontas (coitado do mentor de gente carente).

Observe que eu aceito que ele esteja nesta fase:

não vou julgar,
não vou criticar,
não vou culpar,
não vou xingar,

não vou agredir,

não vou ridicularizar,

não vou usar de sarcasmo,

mas não vou agir da mesma forma. Procuro uma forma de comunicação que esclareça os objetivos do meu trabalho.

— *Ah! Mas comunicação é falar*.

— Não é só falar, mas é como falar. O professor Gaiarsa ensina que você pode falar o que quiser, para quem quiser, só é preciso saber como: e eu acrescento com que tipo de emanação energética.

— *Seja mais clara!*

— Quando na sua fala você critica, acusa ou julga seu interlocutor, via de regra você já está conduzindo para um resultado de crítica também, ou de auto-retraimento; a pessoa vai em busca de uma proteção.

Quem fala julgando tenta tornar a outra pessoa dependente de si.

Quem ouve o julgamento se retrai, ou ouve e devolve a crítica demonstrando o poder que o outro exerce sobre ela.

— *Dê um exemplo*.

— Se eu digo: Você é um estúpido! Você só pensa em si.... São frases que julgam, xingam e rotulam. Quem está disposto a esse diálogo?

Numa versão mais suave, meu cliente de uns cinqüenta e tantos anos, diz em tom amigável, se referindo à sua companheira da mesma idade:

— *Ah! Marina tem uma cabecinha de avestruz!* — referindo-se à sua pouca compreensão diante de fatos mais elaborados.

Marina tinha uma passividade diante da situação, regada a um ligeiro sorriso de conformação no rosto. A aceitação passiva a protegia de qualquer outra crítica ou ridicularização mesmo que em tom amigável.

Nas mesmas circunstâncias outra mulher alvo de comentário semelhante teve uma reação agressiva:

— *Cabeça de avestruz tem você!*

Ela concedeu valor ao que foi dito. A resposta agressiva protege e retorna o foco a quem o remeteu. É comum as crianças, quando repreendidas pela briga, dizerem: "foi ele quem começou".

São frases de dominadores:

Onde foi que você andou o dia inteiro? Liguei pra cá o dia todo... e nada.

Com quem você conversou o dia todo no telefone? Tentei ligar pra cá o dia inteiro e só deu ocupado.

O controlador faz do diálogo um interrogatório. É agradável uma conversa assim?

Quando enviamos mensagens de controle estamos sendo autoritários ou ameaçadores; quem já conviveu com pessoas próximas, autoritárias, sabe do que estou falando.

Esse tipo de comunicação provoca no interlocutor uma reação de quê? De autoproteção, de ressentimento — se a pessoa for vulnerável, evidentemente.

A pessoa controladora não leva em consideração os sentimentos ou opiniões do outro. Na fala do controlador, vem um recado implícito que o outro é incapaz de ser responsável por si e por isso precisa do controlador, o que justifica a sua postura, mas saiba que a pessoa que curte controlar as outras, tem auto-estima de média para pobre. Quanto maior o autoritarismo menor o índice de auto-estima.

O dominador busca obter alguma segurança dominando seu parceiro. Este tipo de comunicação ajuda a deteriorar a auto-estima, criando um distanciamento na relação.

— Quem se recorda de comunicação de gente autoritária?

— *Eu lembro:*

> *"Seu lugar é em casa com as crianças!" (marido).*
>
> *"Faça as coisas do meu jeito!" (patroa).*
>
> *"Já não disse que não é pra fazer isto!" (mãe).*

— Meu quase gênio...

Gosto do Alcli, há momentos que ele flutua, mas também há aqueles que ele é adorável. Alcli é como todos nós: uma consciência se fazendo gente, uma consciência se humanizando, buscando conhecer-se.

— *Ah! Eu sou ótimo!*

— Parabéns! Está em alta com a sua auto-estima. Mas até o elogio há que se verificar.

— *Já sei, pode ser falso.*

— É! Mas quero que você observe que pode trazer um julgamento embutido: "o pudim que você fez estava ótimo".

— *E o que tem de errado nisso?*

— O locutor posa de juiz, há um julgamento, ele se acha no direito de poder julgar o desempenho de outra pessoa. Entendeu? Fica nas entrelinhas que você deve passar pelos critérios dele de aprovação.

— Isto significa que nunca devemos elogiar?

— Não foi isso que eu disse. Eu particularmente sempre entendo como melhor enfatizar o esforço, pois cada esforço é uma conquista e depois vamos para um elogio sincero, sem julgamentos: um "eu gostei muito do pudim" (se verdadeiro), fez o elogio e não um julgamento.

Uma comunicação deve falar das suas necessidades, das suas verdades. Geralmente o bebê comunica as suas necessidades agitando o corpo, fazendo barulho e chorando; quando a necessidade é satisfeita ele pára de chorar.

O bebê solicita da mãe um desenvolvimento de sensibilidade porque ele não sabe falar, só chora, mas a mãe há de distinguir o choro de sono do choro de fome, daquele de dor, ou de outro desconforto qualquer, mas esta é uma relação mamãe-bebê que só funciona entre eles, nós devemos ter uma comunicação mais clara, mesmo sabendo que nem todas as nossas solicitações serão atendidas, porém se não as expressarmos com clareza, aí fica ainda mais reduzida a possibilidade de atendimento.

Tem o caso daquela mulher que atendi, quando ainda trabalhava no centro, que foi pedir ajuda para que seu marido fosse melhor, desse mais atenção, que fizesse mais isso e mais aquilo; quando indagada se já havia comunicado a ele tais necessidades, respondeu que não.

Veja, passa a ser problema do médium e do mentor a falta de comunicação familiar.

O povo não enxerga isso e vamos pedir, pedir, pedir.

Vai ajudar bastante se eu perceber a minha própria necessidade

emocional,
intelectual,
ocupacional,
social,

financeira,
de recreação,
criativa,
de comunicação, para eu ir buscar o que preciso,
onde tem.

Vai ajudar bastante se a comunicação for clara, direta, com endereço certo: de quem, eu quero, o quê?

Por exemplo: "Carmem, você tem um lápis preto para me emprestar?".

A mensagem clara expressa o que necessito (lápis) e tem endereço certo (Carmem).

Outro exemplo: "José, estou me sentindo frágil e preciso de ajuda para levantar o sofá".

A mensagem é clara, expressa minha necessidade (levantar o sofá) e tem endereço certo (José).

Se José vai ou não poder ajudar, veremos depois, mas a mensagem é clara e direta.

Todas as pessoas ganham com uma comunicação clara e direta, inclusive o médium. Há necessidade de comunicação clara principalmente quando ela rompe dimensões. Insisto que o psiquismo do médium não é excluído da inspiração, da intuição ou da psicografia e no nosso primeiro encontro escolhemos estudar psicofonia mais comumente chamada de incorporação ou canalização, dependendo da ótica do médium.

— *Ah! mas há vários níveis de psicofonia, disse Carolina, uma das alunas. Venho de um grupo onde alguns médiuns de incorporação têm acesso, antes da comunicação, à mensagem que será transmitida. Outros grupos têm outra forma de entender, não têm essa preocupação com o que será transmitido, têm aqueles que se recordam parcialmente do que foi dito. Eu me recordo da totalidade da comunicação, durante um certo tempo, e outros não se recordam de nada. Como fica?*

— Nada disso invalida a proposta de termos habilidade de comunicação clara. Porque é um treino da pessoa, reflete um pensamento claro (a fala, é a roupinha da idéia) e, quanto maior o treino, maior a habilidade; tal habilidade ficará disponível no momento do transe. Proponho que todos nós passemos a observar se as pessoas que estão à nossa volta têm uma comunicação clara ou não, fora da situação de transe, para que possamos comparar com a comunicação em transe.

Se não sei que tipo de comunicação uso em situação comum, como vou comparar com a situação de transe? Fica tudo por conta do mentor ou do orientador. Me parece um tanto estranho eu viver uma situação na qual eu me coloque à margem do conhecimento.

Quando me habituo a uma mensagem clara, treino o meu pensar, treino o meu raciocínio com clareza e quando falo com você, fica muito mais fácil de você entender aquilo que é solicitado. Não pense que o mentor tem obrigação de entender as suas confusões mentais, torna-se muito mais difícil a comunicação com uma mente nublada.

Esta semana a lição de casa é observar a nossa comunicação para com o outro e do outro para conosco. Vamos ver o que conseguimos, mas agora observe um exemplo de comunicação que é direta, mas não é clara:

> Você se acha muito inteligente, não?
>
> Você é preguiçoso.
>
> Você é um caso perdido.

Esse tipo de fala "você é", não diz nada sobre quem fala, o objetivo da fala não é claro, este tipo de fala julga ou acusa, e como você se recorda, quem ouve contra-ataca ou se esquiva, o que reduz as possibilidades de você ser atendido nas suas necessidades, até porque elas não foram reveladas. Esta comunicação é direta porque tem um endereço, é dirigida a alguém: você, mas não é clara (é um caso perdido) o que não revela nada, não solicita claramente, muito embora quando se diz ao outro — você é um caso perdido — espera-se que ele mude algo, mas não está claro o que deve ser mudado, nem como.

A comunicação sarcástica ou feita em tom de cinismo revela a auto-estima pobre do emitente. A comunicação sarcástica concentra toda a atenção na pessoa a quem a fala é dirigida, desviando toda essa atenção, com astúcia, do emissor:

> Chegou a queridinha do papai.
> Veja só a sua cara.
> Aqui nesta casa ninguém faz nada?
> Será que todo mundo está cego nesta casa?

Esta comunicação não é direta (será que todo mundo) e nem clara (está cego), dizendo isso não se expressou claramente nada; a necessidade, o objetivo de quem fala ficou só na cabeça do emissor.

Você mantém um diálogo assim? É agradável? Como você se sente em relação ao emissor da fala? Se o mentor usar esse tipo de comunicação...

— *Ele não é um mentor! Mentor pra ser mentor, precisa ter auto-estima elevada!*

— Alcli, você é ótimo! Só pra não dizer quase gênio, mas não vamos classificar o mentor: mentor uma estrela, mentor duas estrelas, mentor cinco estrelas.

Vamos olhar para a comunicação ao nosso redor e tentar aprimorá-la dentro do que nos for possível, principalmente se convivermos com crianças que precisam ser ajudadas, educadas, encorajadas, treinadas a expressar todas as suas necessidades de forma direta e clara. Se não as ensinarmos, como aprenderão?

Os pequenos tendem a acreditar que o mundo gira em torno deles, é de boa medida ajudá-los a perceber as necessidades dos outros membros da família e que todos serão atendidos na medida do possível.

Em nossos laboratórios o médium que fala (psicofonia), ou que escreve (psicografia ou canalização), é convidado a estudar os temas da comunicação, das diferentes formas de comunicação falada, escrita e até mesmo a comunicação não-verbal, tudo que ele aprender vai ajudá-lo.

Quero convidá-los a um momento de reflexão; há não muito tempo fui procurada por uma senhora que aparentava uns quarenta anos, alegre, culta, dirigente de uma clínica, etc. Ela me cumprimentou com as mãos geladas e sem muita delonga entrou em transe e deu voz à entidade:

— "Paz e evolução"!

Foi o cumprimento do amigo de outra esfera ao manifestar-se, aparentemente sem dificuldade. Disse em excelente linguagem, não coloquial, que se apresentava em nome da paz, da cooperação mútua e da evolução; que estava aqui para colher informações do nosso sistema de vida, que estava usando aquele aparelho (a médium) porque havia afinidade energética e ela se adaptava a esse tipo de comunicação; não era uma questão religiosa nem uma questão moral, mas uma adaptação energética; disse que viria outras vezes; que gostaria que eu providenciasse papel e lápis macio para que fossem feitos alguns gráficos acerca de energia; quando indaguei se eu poderia gravar as próximas sessões ele respondeu que haveria interferências na gravação (e houve mesmo). Disse que o aparelho havia sido conduzido até a clínica porque ali tínhamos condição de compreender o objetivo do trabalho.

Ao despedir-se fez um gesto, que repetiu todas as vezes que retornou, o que eu interpretei como um cumprimento e despediu-se com as palavras "Paz e evolução".

A médium retorna do transe com as mãos geladíssimas. Todo e qualquer transe utiliza ectoplasma, utiliza o sistema nervoso do médium, daí não se recomendar longos períodos de transe.

Nossa cliente não tinha necessariamente uma queixa, o que ocorre com a maioria deles. Ela tinha vindo porque não se sentia à vontade com o centro espírita que freqüentava.

Tenho alguns clientes que não gostam de entrar em transe num grupo mais amplo, preferem uma situação individualizada, o que respeito, embora na minha opinião o trabalho realizado em equipe seja mais rico, quando seguido de estudo.

Em cada uma das sessões que ocorreram "Paz e evolução" sempre deixou claro o objetivo de paz, de progresso e de orientação. A sensação que eu captava durante a manifestação era exatamente de paz, de aprendizagem. Era essa a doação maior da entidade à médium: que ela progredisse em paz. Se a mensagem vinha através da fala, fui pesquisar como era a fala da cliente em casa (pouca), no trabalho (regular), no centro (quase nada), a expressão do sentimento era contidíssima. Se mais nada fizéssemos e apenas trabalhássemos a comunicação dela com ela, dela com o outro, a missão estaria cumprida, mas de brinde ficaram muitas explicações muito úteis na nossa jornada.

— *A entidade fez o gráfico que prometeu?*

— Fez.

— *E então?*

— Eu não entendi "lhufas"?

— *Podemos ver o gráfico?*

— Entreguei-o à médium. Alcli, aqui cada um toma conta de seu material, do seu processo; estamos numa clínica, não num museu de mediunidade.

Numa das oportunidades de manifestação, o amigo espiritual disse da mente única, da mente coletiva, nos mesmos termos que falamos do inconsciente coletivo. Vejamos alguns trechos:

— "O que vocês chamam de mente, é o que vocês imaginam que ela seja, vocês imaginam que ela se transporte, não é ela que se transporta, é o estar que se transporta, percebe?

... Nossa vinda é em parte, conceitual. Você entende como é importante o conceito para haver ordens nas idéias. A idéia é que somos o todo, a ordem é importantíssima.

A ordem é o Universo.

Tudo é ordem.

Não pense que somos seres elevadíssimos. Estamos todos aprendendo, essa ordem que nos traz paz, que nos traz harmonia e tranqüilidade"...

"Nós não percebemos a mente como vocês, a mente não está num ponto. Façamos uma analogia: imagine um pingo de líquido."

— Um pingo de chuva no mar — sugeri.

Ele continuou:

— "Tente lembrar o efeito que causa".

— Há uma união, uma junção.

— "Antes, há uma expansão no momento que ocorre o impacto, depois existe uma coalizão, que é um processo adiante da junção, passa a ser um todo, mas um todo que se expande e todas as partes, os cantos estão em expansão neste todo e se coalizam.

Aproxime-se mais do aparelho de comunicação e traga sua mão para perto do braço da médium e poderá sentir a sensação de expansão, aproxime a sua mão e apenas sinta, não tente qualificar ou estratificar neste instante... apenas sinta...

Percebemos com grata definição que todos nós, cada um no seu lugar, somos portas abertas, somos passagens. Percebe? Passando por todos os cantos, cada um é uma porta, unido com o todo, cada um fica tudo.

Isso é a mente enorme, única.

Todos nós a permeamos, todos nós participamos dela."

— Quando quero passar esse conceito uso o exemplo da esponja no mar, a água passa pela esponja... Retruquei.

— "A mente permeia, ela não permanece! Na sua esponja, a água permanece em certo prazo, a mente permeia em certo prazo. Imagine uma tela de espessura grande, um vidro, a luz passa, mas não fica. Entendeu?"

— Entendi.

— "Na esponja a água permanece... Nada fica, tudo está. A luz passa, pronto... passou... prossegue... A luz passa indo e a luz passa voltando de todos os cantos... transparência... A luz passa por este aparelho, passa pelo seu aparelho, passa pelas suas paredes materiais, passa, permeia e volta. Então nós estamos aqui, trocando aí.

Cada um, em cada lugar, transforma e ajuda como pode, como sabe e como quer.

Nos sentimos plenos no realizar, mas não estamos ainda no plano total, de repentino acontecer.

Chegamos até aqui por canais do tempo. Em relação ao seu tempo estamos numa outra faixa, num outro tempo, mas fique atenta o tempo não existe... há universos paralelos... intercambiados pela luz... intercambiados, unidos, ungidos pela luz... Nosso transporte é a luz, não a luz brilhante que vocês conhecem. Existe um conceito muito maior da luz... busque conhecê-lo, vocês não sabem medi-la ainda... plenamente. Nosso transporte é a luz, como vocês diriam, pegamos carona na luz.

Sábias as propriedades dessa luz:

a luz pode fazer,
transformar,
conduzir,
aquecer,
modificar,
transplantar,
recorrer,
estabilizar.

Pode perceber estas qualidades?"

O amigo despediu-se... estava encerrada aquela entrevista. Eu fiquei pensando em exercícios que fazemos de vibrar uma luz para alguém... Agora eu gostaria que você me dissesse qual desses trechos foi mais significativo para você.

— *O trecho que o médium não é uma esponja, mas um raio de luz.*

— Ele não disse isso: "o médium não é como uma esponja". Disse "a mente permeia, ela não permanece!" Ele estava se referindo à mente (o conceito de mente única) e não ao médium particularmente. Eu estou assinalando isso para que nós possamos observar como a interpretação e a atenção interfere em nossa compreensão. Eu costumo gravar o transe para que depois possamos estudá-lo com mais vagar. É uma técnica. Quem mais se coloca?

— *Pra mim o mais importante é que cada um ajuda como pode, como sabe, como quer. É uma forma mais leve de encarar, dentro do possível, (como pode) dentro do conhecimento (como sabe), dentro da vontade (como quer). Não é impositivo, é participativo.*

Carolina fez uso da palavra:

— *Venho de uma experiência onde a comunicação é mais direta, me pareceu um tanto vaga...*

— Mesmo assim, observa em que ela te serve?

— *A idéia de mente única me parece ousada, mas interessante...*

— Quem mais?

— *Aquele trecho que ele fala que existe um conceito muito maior para a luz. Por que ele não disse qual é o conceito maior?*

— Não sei, só perguntando pra ele. Veja, aqui nos desconectamos facilmente da reflexão e mergulhamos numa indagação que muito facilmente será preenchida pela fantasia do orientador.

O que tenho observado é que as entidades não atravessam as dimensões para vir anunciando o gráfico da loto, ou os números da sena premiada. Fazem a indicação, dizem que existem um conceito maior de, pedem para que busquemos conhecer isto ou aquilo, para que se pesquise acerca de... Fazem uso de analogias...

Eu entendo uma psicofonia como um convite à reflexão e não como uma imposição, de vez em quando me visita uma frase ou outra:

"Nada fica, tudo está."

"A luz passa, pronto, passou."

Meus amores, hoje avançamos um bocadinho no horário... tenham uma boa semana e não esqueçam de observar o próprio processo de comunicação. Escrevi na lousa:

> Psicofonia é comunicação através do médium.
>
> Psico, do grego, *psique* = alma, espírito.
>
> Fonia, do grego, *phone* = som, voz

Toda a idéia trazida pela psicofonia há que ser reexaminada fora do transe.

6ª aula

Tudo vai transcorrendo dentro do previsto, até que o imprevisto ocorra.

Não é do costume que nos primeiros encontros aconteça uma incorporação, porém quando ocorre não sufocamos, não reprimimos, trabalhamos a situação sem, contudo, perdermos de vista a proposta de disciplina na aprendizagem. A experiência mostrou, que deixar o transe acontecer a esmo não é válido, mas por outro lado não se pode dizer que no laboratório de mediunidade um transe aconteça da mesma forma, afinal o tema é pertinente.

A aluna que se classificou como médium de incorporação, Carolina, disse que sentia por perto uma entidade, não habitual para ela, que solicitava espaço para comunicação.

Sempre confiando na Vida, confiando plenamente que a inteligência Maior nos toca a todos, a aluna, a entidade e os demais integrantes do grupo, confiando que o Pai do Céu, que tudo sabe, que tudo vê e não nos desampara nunca, conduzi um exercício de serenização, de recolhimento...

No término do exercício através da aluna um amigo espiritual se comunicou:

— "Temos acompanhado os trabalhos de vocês, o jeito de abordar a mediunidade. Estudem e fundamentem.

Gostaríamos de trazer nossa parcela de colaboração.

O homem conquistou a consciência do corpo físico, um dos seus veículos de expressão e tornou-o um instrumento por excelência ativo: anda, sobe, desce, fala tudo, até o que não precisa.

Nesta etapa do desenvolvimento está conquistando a consciência do corpo astral, da força do querer, do poder, da vontade, do impulso, da emoção; está descobrindo que o pensar, a energia mental está na base das realizações, que a mente dá e recebe, que assimila e emite e tudo acontece gradativamente. O homem das cavernas não tinha a mesma aparência que já conquistou hoje, nem os mesmos sentimentos, nem o mesmo pensar; mas a caminhada não acabou.

Estamos no momento de observar o próprio pensar. É através dele que desenvolveremos a consciência do campo mental, tanto quanto o fizemos com o corpo físico.

O pensamento representa para o universo mental aquilo que as mãos representam para o universo físico, e vocês estão se aplicando na compreensão de que o pensamento confiante é realizador. Na verdade ampliamos o nosso campo mental diariamente durante cada exercício de nossas próprias faculdades, pelo exercício da arte, pelo exercício das nossas emoções, pelo exercício dos nossos sentimentos".

Observe que o mentor insiste no termo exercício. E continuou:

— "Se não exercermos nossos atributos mentais, como vamos observá-los, conhecê-los e se você não conhecer o seu próprio pensar, se você se contenta em ser um depositário, um abrigo, um receptáculo de pensamentos, não é um criador deles.

Se você aceita e se contenta com o que vem de fora, não cria nada a partir de dentro.

Se nos contentamos em recolher e viver os pensamentos alheios, nossa vontade se fragiliza, nossa criatividade embota, nosso campo mental não se desenvolve; você reencarna, reencarna, sem que nenhuma modificação se produza no campo mental.

É tempo de exercitar a própria inteligência que é como um músculo, quando em atividade se fortalece, quando abandonado enfraquece.

O campo mental cresce quando você o solicita. Aprenda a observar a sua linha de pensamento, o seu jeito de pensar. Aprenda a ser o grande observador de si. Quando você conseguir isso verá que grande parte daquilo que você chama de 'meus pensamentos', não são seus.

Os pensamentos surgem, vêm, não se sabe de onde e desaparecem, vão, não se sabe pra onde. Preste atenção no seu próprio pensar, para que seu campo mental não fique como um cruzamento, sem farol, na hora do 'rush'.

Tente a experiência. Faça pequenas pausas durante o dia e verifique o rumo do seu pensamento e se indague se está satisfatório ou não.

Esse pequeno exercício levado a efeito produzirá enormes benefícios. Você estará regando a semente do poder criador, pois uma pessoa de bom senso escolherá acolher no seu campo mental, na sua mente consciente, apenas um pensar que julgue digno.

O pensamento bom provoca uma sensação boa.

A sensação é a fala da alma à consciência.

Ao pensamento bom, ao pensamento que provoca uma sensação confortável daremos a nossa atenção. O pensamento bom será alimentado.

A atenção rompe a dimensão e alimenta o pensamento. Fique atento quando encontrar um pensamento que cause uma sensação desagradável: é um pensamento que não serve, trate de eliminá-lo, ou você manda na sua mente ou a sua mente manda em você.

Se você escolher pensamentos saudáveis, produtivos, como resultado afluirá à sua mente pensamentos da mesma tonalidade, mas o contrário também é verdadeiro.

Nosso campo mental repleto de idéias úteis funcionará como um ímã sobre os pensamentos da mesma natureza ao nosso redor. Quando você emana um pensar saudável, os pensamentos insalubres são repelidos por uma ação automática do campo mental. A neblina não permanece na presença do sol de verão.

Habituar a mente a trabalhar com material de boa qualidade é tarefa pessoal. É desse treino que vem o aperfeiçoamento. O exercício de hoje será o impulso, a tendência inata do amanhã.

Quero, além de agradecer a oportunidade da comunicação, levar até vocês o agradecimento dos alunos deste plano, que todas as semanas estão aqui, durante todo o encontro, sem arredar pé e que intuem algumas questões quando querem orientação.

Sinceros agradecimentos de toda a turma daqui."

Terminado o transe, que é um estado alterado de consciência, quando Carolina retorna à sua condição habitual de percepção aqui e agora, aproveitamos para indagar sobre a situação:

Como está se sentindo?
com frio?
com calor?
como estão as extremidades?
mãos, pés?
formigamento?
cansaço?
o ritmo respiratório?
o ritmo circulatório?

Cada médium tem seus sintomas diferentes, são pessoas diferentes, em processos diferentes. Não é adequado entender que todos os transes são iguais, nem na mesma pessoa. Você tem duas vivências idênticas? Podem ser semelhantes, mas idênticas... elas trazem até a mensagem semelhante, mas em situações individualizadas.

Aqui não usamos um carimbo "todo transe é assim", usamos observar, comparar a situação anterior, do próprio médium, com a situação atual para aprender com elas.

— *Há lembranças claras, fortes, significativas do transe, ou são apenas diáfanas, esmaecidas?*

— Há médiuns que se lembram de tudo que foi dito. Noutros a compreensão precede a fala instantes antes, então ele pode exercer comando sobre o que vai comunicar ou não. Tenho uma cliente que faz uma censura prévia, como nos tempos da ditadura quando a música ou peça teatral eram censuradas.

— *Aparecida! Se ela bloqueia como vamos pesquisar?*

— Não vamos, mas tudo tem seu valor por isso temos a postura de olhar em primeiro lugar o transe para o próprio médium. Vovó diria "o seu ouvido é o primeiro que escuta o que a sua boca fala". Podemos pensar que o cérebro, melhor dizendo, a consciência do médium é a primeira que capta a mensagem.

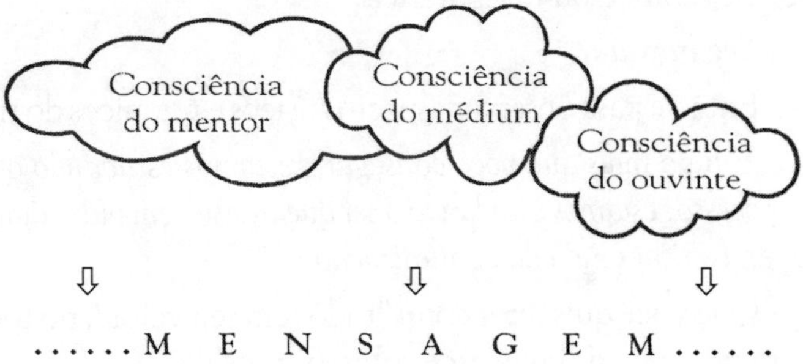

Há médiuns que se recordam parcialmente da comunicação e também aqueles que não se recordam de nada. Qual é o seu caso?

A médium se colocou:

— *É habitual acontecer como agora. Eu me lembro bem do que aconteceu nos primeiros momentos, agora me lembro de tudo que foi dito através de mim, sei que não foi o meu mentor habitual, era outro, um senhor que eu nunca vi.*

— Viu?

— *Vi.*

—Você sempre vê o astral?

— *Não, apenas durante o transe mediúnico e nem sempre o tempo todo durante o transe. Eu hoje vi um senhor de meia-idade e vi de relance um grupo, aquele que ele se referiu, havia entre eles alguns jovens, três ou quatro.*

— Que mais você viu?

— *Mais nada.*

— O capítulo da vidência ou da clarividência é muito amplo, vamos apontando nossas observações, ela não apenas captou e transmitiu a idéia, mas ainda viu, sentiu e guardou lembranças. Tudo simultaneamente. Gostaria que você dissesse se a sensação que fica registrada após o transe, é agradável ou desagradável.

— *É agradável, nada excepcional, mas agradável.*

— Segurança ou insegurança?

— *Segurança.*

— Então é para observar aspectos físicos e psíquicos do transe?

— *E tudo mais que você conseguir, estamos estudando o nosso próprio processo, estamos estudando o ser que transita em outra dimensão e não apenas o conteúdo da comunicação.*

— Que você quis dizer com: "tudo tem seu valor", no tocante à censura que o médium exerce sobre o transe?

— Imagine um médium que dê permissão para qualquer espírito falar qualquer coisa, seria mais ou menos como abrir a porta da sua casa a qualquer um que nela bata, com uma finalidade qualquer. Pense: para quantas pessoas você assinaria um cheque em branco? para qualquer pessoa? ou há critérios a serem observados? Daí a necessidade de se observar tudo que for possível, porque estamos dando parceria do nosso momento para o outro... é bom "ficar de olho" nisso.

Como foi Carolina que incorporou, que canalizou, perguntei:

— É comum interpretar que o conteúdo desta comunicação está endereçada ao grupo, mas quero um maior comprometimento: em que o conteúdo serve para você, Carolina?

— *Creio que numa mesma medida que para os demais.*

— E qual é a medida? Seja mais específica. Verifique que não estou querendo ser chata, mas se não tornarmos claro para o grupo (lembra-se da comunicação clara) o que aprenderemos com a sua leitura?

— *É mesmo! Ele disse em trazer a própria parcela de colaboração.*

— E você médium também sente que colaborou?

— *Sinto! Eu me prontifiquei a ser intermediária, a colaboração dele foi a disposição de trazer aquilo que ele sabe, o modo de ele ver as coisas. Eu também penso de modo semelhante, o homem já conquistou o domínio do corpo físico, agora conquista o universo da emoção e da mente, creio que o crescimento é gradativo.*

— Agora quero que cada um perceba sua própria atuação durante a comunicação.

Outra participante disse que mais ninguém havia feito nada e só Carolina havia falado.

— De participação exterior ninguém mais fez nada, mas de atitude, de comportamento interior, o que aconteceu? Dúvida, credibilidade, curiosidade, raiva?

— *Ah! eu fiquei prestando atenção.*

— E o que concluiu?

— *Acho que aquilo que ele falou está certo.*

— E se ao invés de "achar" nos dispuséssemos a observar, a testar?

— *É pra duvidar do mentor?*

— É para experimentar e observar se funciona, afinal ele enfatizou bastante o exercício das nossas próprias atividades.

— *Eu assimilei mais fortemente aquele trecho que se nos contentamos em viver os pensamentos alheios, nosso campo mental não se desenvolve. É assustador!*

— Alcli, eu diria, é esclarecedor!

— *Aparecida, você fica só perguntando, dá pra responder: o que você recolheu da informação que chegou?*

Eu fui fazendo algumas associações, o que já é um exercício mental. Ele veio estimular o "estudem, se fundamentem", na linguagem que lhe é própria e sem usar uma única vez o termo auto-estima, esteve indicando caminhos de consegui-la:

> "Estamos no caminho de observar o próprio pensar
> (é a desidentificação do que penso).
>
> Tente a experiência (auto-sustentação).
>
> O pensamento bom provocará uma reação boa.
>
> A sensação é a fala da alma.
>
> A atenção rompe a dimensão."

Pensamento, sensação, atenção, observação e experimentação são raízes da autoconsciência.

Comparei a comunicação atual com a anteriormente citada e o

"cada um,
em cada lugar,
ajuda como pode,
ajuda como sabe,
ajuda como quer",

foi ganhando espaço dentro de mim.

Estamos reconhecidamente na fase do esforço (Esforço = Força da Essência).

Estamos descobrindo como ativar isso.

Mediunidade é um caminho que se torna mais fácil, mais viável, quando médium tem auto- estima saudável.

Vamos pensar juntos; esta comunicação fez sentido para a médium e para o grupo todo também? Cada um foi capaz de receber uma fatia do bolo?

Aí temos o princípio da sintonia em ação, estamos querendo aprender, praticar, e a vida responde às nossas aspirações.

Certamente todos já ouviram falar que quando o discípulo está pronto o mestre aparece.

Gosto de ficar atenta aos recados da vida; disposição, viver com consciência requer investimento, não combina com fugas ou preguiça; se o recado no meio da reunião é para ficarmos atentos ao processo do pensamento, vamos observar, testar os resultados.

Vida sem esforço é um sonho infantil e o esforço está acentado na coragem, na confiança em si. Com base na confiança agimos, realizamos, é quando abrigamos no peito um sentimento de competência, que é um sinônimo do eu posso.

Confiança ⇨ Ação ⇨ Poder
Não confiança ⇨ Não ação ⇨ Não poder

Quando me declaro competente para algo, estou afirmando que tenho algum controle sobre aquilo, que tenho alguma habilidade para aquilo. E no nosso vegetal a habilidade está representada no caule. Lembra-se?

Caule (habilidade).
Solo (aceitação).
Raiz (consciência).

No solo da aceitação plantamos a raiz da consciência que nutrirá a árvore da vida.

A competência vem da habilidade. Em que você é hábil?

— Em dirigir o trator, eu tenho carteira de habilitação.
— Foi preciso treino para habilitar-se?
— Sim, foi preciso treinamento, respondeu uma da alunas.

Treinamos nossa habilidade de leitura.
Treinamos nossa habilidade de natação.
Treinamos nossa habilidade de pintura.
Treinamos nossa habilidade de escultura.
Um esportista além de talento treina horas a fio diariamente.
Uma bailarina segue na mesma direção.

A atriz ensaia o monólogo.

O pianista ensaia a peça musical.

O treino e a disciplina desenvolvem a nossa habilidade.

Você tem potencial, você treina e ganha capacitação.

Potencial para falar alemão todos têm. Treino, só quem nasceu na Alemanha ou estudou alemão.

Capacidade só adquiriu quem treinou, logo potencial todos têm, capacidade não.

Aquilo que treinei, me sinto capaz de desempenhar.

Outro dia assisti à uma gravação de desafios:

o jogador de futebol foi chamado a cantar,

o cantor convidado a fazer a defesa do time de futebol,

a jogadora de vôlei a participar do rapel,

a turma do basquete a participar de uma competição de natação.

O jogador de futebol tinha respostas hábeis para o campo, mas para o canto... quanta diferença. No campo ele por ter habilidade com a bola tinha a responsabilidade no ataque de seu time.

O cantor por ter habilidade com a interpretação musical pode ficar responsável pelo espetáculo da noite.

A turma do basquete poderia garantir a sua participação com chances de êxito na quadra, mas na piscina não teria o mesmo desempenho.

— *Entendi! Primeiro habilidade depois responsabilidade!*

— Parabéns! meu quase gênio. Você está desenvolvendo suas habilidades de raciocínio, é isso mesmo. Ninguém pode ser responsável, isto é, ter habilidade de responder àquilo que não aprendeu, que não treinou, que não se habilitou.

Minha habilidade de conexão com a Vertente da Vida em mim é essencial para a auto-estima.

— *Ah! mais de uma vez já ouvi, já li, que o homem é 100% responsável por si mesmo.*

— Eu também! Mas... naquilo que desenvolveu sua habilidade, lembra que a vida trata cada um no singular, que cada um está num nível de desenvolvimento, de compreensão.

— *Como assim?*

— É tão pesado o "você é um pecador nato", quanto "você é responsável por absolutamente tudo". Há níveis de.... Você é responsável por tudo aquilo que você já tenha maturidade, ninguém vai pedir que o bebê prepare seu suco, ele não tem maturidade para.

Há crenças que dificultam nosso caminhar, quando aprendemos "você nasceu em pecado mortal", não estimula nada em ninguém, é uma acusação gratuita, que é prejudicial à semente da nossa auto-estima (que é a confiança no Deus em mim). Tenho um amigo espiritual que costuma me segredar que Deus não manda, dá livre-arbítrio; que não pune, dá oportunidades.

Eu prefiro acreditar dessa forma, crer é uma preferência, cada um acredita no que quer, naquilo que mais lhe faz sentido, e vai moldando sua realidade.

O amigo espiritual de hoje fez a apologia do pensamento; ótimo! Eu aceito, respeito e acrescento:

Me dou o direito de fazer a apologia do pensamento valorizado: o homem não é o que pensa, mas o que crê, os pensamentos vão e vêm, só os que você valoriza permanecem, ganham vida.

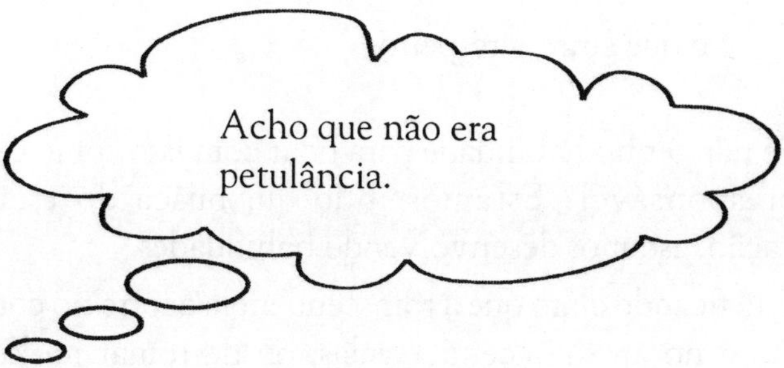

A crença em um Deus bravão, vingativo, punitivo é um obstáculo à auto-estima saudável.

"Deus não pune, dá oportunidade" ressoa forte dentro de mim.

Uma baixa estima sobre si, é a perda de contato com a alma, é a perda de contato com Deus.

— Desenvolver minhas habilidades crendo que sou um filho divino é mais saudável ou não?

Ninguém respondeu nada.

— Gente! Isto é uma pergunta: desenvolver meu potencial acreditando que sou um filho divino é mais saudável ou não?

Responderam em coro:

— *Sim.*

— Então posso prosseguir; para viver conscientemente preciso estar atenta a essas questões:

> o que percebo,
> como interpreto a percepção,
> o que sinto a respeito.

Se não tenho habilidade para lidar com isso como é que sou 100% responsável? Estamos indo em busca do treino, da capacitação, estamos desenvolvendo habilidades.

Está ficando claro que a transcendência ocorre no cotidiano? Que não é no ato de acender velas, ou de tomar rei-ki, ou de benzimentos que a consciência amplia? Qualquer ajuda é bem-vinda, mas conscientização é um crescer de dentro para fora, e isso é outra conversa.

Se eu disser assim:

> Você é 100% responsável pelos seus desejos,
> pelos seus pensamentos,
> por suas escolhas,
> por seus atos,
> por sua auto-estima saudável,
> pela sua reforma íntima,

tudo é verdade, mas verdade relativa... Não falamos das proporções, não falamos dos meios, não falamos dos mecanismos, da dinâmica, não falamos de como atingiremos isto; não basta dizer ao aluno que a conta está errada, é preciso ensiná-lo a utilizar uma técnica adequada.

Pensamento sem ação é ilusão, isto é, sem treino, sem habilitação.

Há necessidade de integração do pensamento no ato.

É comum meu cliente dizer: — Ah! Eu já sei isto!

E eu perguntar: mas também já faz? já aplica ou apenas ouviu a informação?

Quando ele diz (Ah! Eu já sei!) está declarando sua noção de "saber", isto é, está declarando que tem uma simples informação. Está, no subtexto, me mostrando que tem uma informação, só isso, nada mais; porém pensa que o acúmulo de informações lhe dará o Olimpo.

Ledo engano, está equivocado. O Olimpo será conquistado com o uso, com a prática, com a ação do conhecimento.

Meu amigo espiritual fala: "A energia se estabiliza na ação do conhecimento".

Informação é ação que informa, há que se usar a informação, torná-la um exercício, uma prática, vai ver que o meu amigo espiritual é um professor, eu não o vejo, apenas capto suas idéias; quando vou estudar, preparar aulas, apostilas, palestras ou qualquer coisa no gênero eu o convido para um trabalho conjunto, eu faço uma prece, solicito sua presença:

— "Pai do Céu, qualquer Jung de plantão serve! Amém!"

Vou acreditar, que sou responsável pela realização da minha vontade, mas vai ajudar bastante se eu não incluir que devo me sentir realizada com o sucesso do meu filho, e vai ajudar ainda mais, se eu valorizar mais o meu esforço que a obtenção do objetivo, porque meu esforço é meu treino, é no treino que desenvolvo minha habilidade.

Antes do treino, querer executar com habilidade é pretensão. Pergunte ao maestro, ao neurocirurgião como eles conseguiram a habilidade que possuem.

A minha auto-estima depende da minha atitude de auto-responsabilidade e ninguém fica responsável do dia para a noite... com varinha de condão.

Meu filho não pode ser responsabilizado pela realização da minha vontade, o meu querer é pra mim, o querer dele é pra ele. Se coincidir espontaneamente esse querer haverá uma troca muito nutritiva para ambos.

— *E se não coincidir?*

— Nada há que possa ser feito.

— *Nada?*

— Você ouviu: nada!

Aqui está a semente do respeito, primeiro respeito por mim:

auto-respeito, se sou capaz de respeitar minhas escolhas serei capaz de respeitar as escolhas dele.

Se o meu objetivo requer a participação dele, ou de quem quer que seja, deixou de ser meu objetivo, é nosso; esse "nosso" pressupõe uma convergência de objetivos.

Eu disse convergência, não disse imposição.

Ninguém é depositário da energia do outro.

Ninguém reencarnou para a satisfação pura e simples da realização dos meus objetivos.

Deus para realizar-se solicita a minha participação, mas solicita também a participação do meu filho, ele é uma individualidade tão importante quanto a minha aos olhos do Pai.

Lição de casa. Desenvolver o treino para nos tornarmos hábeis em lidar com o nosso querer:

— Eu quero um carro novo!...

O que eu quero, eu vou conquistar, eu vou em busca de conseguir.

Quando não tenho habilidade de conquistar o meu desejo, não há desenvolvimento de nenhum atributo meu, há apenas uma fantasia.

Creio que por trás de todo o querer, de toda a vontade que registramos há um convite da vida a nos incentivar o desenvolvimento de algum atributo.

— *Dê um exemplo*.

— Quero muito dar aula (vontade). Então preciso no mínimo estudar e aprender o conteúdo daquilo que será ensinado (o que requer disciplina) e como temos um compromisso com a aplicação do conhecimento vou desenvolver habilidade de estudar,

habilidade de pinçar as idéias centrais,
habilidade do encadeamento lógico do raciocínio,
na fala, na escrita, no vocabulário, no contato com
o aluno e segue...
Um professor há de aprender a ouvir, senão fica falando
sozinho.

A vontade de dar aula solicitou da pessoa o desenvolvimento de algumas habilidades para depois passar à responsabilidade.

Quando vou na busca de meus objetivos é bom perguntar para mim o quanto, o que estou disposto a dar em troca?

— *Tem gente que vai ser apreciada pelo grupo que pratica insanidades, o pessoal da gang, o pessoal que pratica assaltos, disse uma das alunas.*

— É isso, e se a pessoa que quer ser apreciada não tem firmeza, às vezes paga um preço muito alto. Um ladrão para ser apreciado por seu grupo, põe sua cabeça a prêmio, um médium quando quer ser apreciado por seu grupo... faz o quê? Se é uma pessoa consciente (no terreno da aceitação plantou a raiz da consciência...); note é a pessoa que se faz consciente, se a pessoa não for consciente, o médium que ela carrega em si também não será.

A pessoa consciente dará um médium consciente.
A pessoa consciente dará um funcionário consciente.
A pessoa consciente dará um aluno consciente.

Consciência é um atributo da pessoa, e não do médium. Mediunidade por si só não garante a consciência de ninguém. Então estar consciente da escolha dos meus desejos, dos meus atos implica na minha habilidade de escolher, na habilidade de fazer.

Busque agora refletir nestas orações:

Sou hábil na escolha de meus desejos.
Sou hábil em responder a eles?
Hábil em responder = responsabilidade.
Sou hábil em priorizar meu tempo?
Sou hábil nas minhas comunicações?
Sou hábil em manter relacionamentos?
Sou hábil em reconhecer meus atributos pessoais?
Sou hábil em atuar com os meus sentimentos?
Sou hábil em atuar com os meus pensamentos?

Antes da habilidade em atuar com o pensamento, com as emoções, com os sentimentos, a possibilidade de atuar com a mediunidade é assustadora, pois se você não sabe atuar com as suas idéias, o que fará quando for tomado de assalto por idéias e emoções alheias acreditando que são suas?

Gente! Estou me fazendo entender?

Se tenho habilidade de escolher meu ato, então a fonte desse ato sou eu, preciso abraçar o EU quando agir.

Que Eu? A personalidade (o ego)? Ou a Essência (EU)?

Preciso abraçar esse Eu quando agir.

Posso trabalhar dando o meu melhor, ou tentar uma safadeza qualquer.

Posso pensar que a divindade atua através de mim... Eu e o Pai somos um.

Posso pensar em enganar, em tirar vantagem porque o outro não é tão "esperto" quanto eu.

E no cotidiano, através da minha vivência, vou dando amplitude à minha consciência que será capaz de apresentar respostas cada vez mais claras e hábeis. Aí sou capaz de ter responsabilidade sobre o que aprendi, até onde aprendi. Gosto muito desse pensar, porém não esqueço que o bebê que ainda não sabe nada, se puser o dedo na tomada também leva choque.

São múltiplos os caminhos da aprendizagem.

Hoje vamos concluindo, mas não se esqueça da lição de casa.

— *Nesta aula você já deu, tem mais?*

— Tem! Mesmo quando eu não cito, você sabe que tem, vamos olhar cuidadosamente para nossas emoções e nossos pensamentos para conhecê-los melhor, para nos tornarmos mais responsáveis para conosco.

Quando sou responsável comigo o meu roteiro de mediunidade é suave, é banhado pela luz do Espírito mais claramente, pela luz do meu espírito que é uno com Deus.

7ª aula

Meus amores, gostaria de ouvi-los antes do tema de hoje; reservamos uma parte do tempo para as suas apreciações, se está sendo de proveito para vocês nossos encontros...

Cada um falou um pouco das próprias avaliações:

eu nunca tinha feito um curso de mediunidade com essa abordagem,

é proveitoso não apenas para o aspecto mediúnico da pessoa,

é interessante, mas eu estranhei quando cheguei, agora estou mais habituada à sua forma de pensar sobre mediunidade,

eu confesso que esperava algumas informações sobre anjos, rituais, salmos.

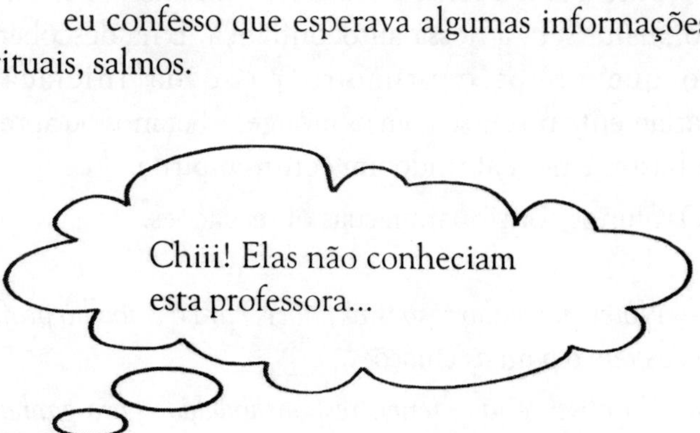

É! Na primeira vez que estudamos juntos sempre causa alguma estranheza, as pessoas geralmente entendem mediunidade como uma religião, uma seita, endeusam o médium, as comunicações do astral são seguidas à risca, aqui temos uma postura mais pé no chão.

A mediunidade está apoiada na personalidade, as crenças são o núcleo da personalidade, a auto-estima saudável é uma ferramenta a favor da pessoa, portanto, a favor da mediunidade. Educando o nosso modo de pensar e de agir com as emoções, estamos educando a pessoa, e portanto, elevando seus contatos mediúnicos e a partir de hoje vamos dedicar um momento do nosso encontro a essa conexão.

— Quem observou as próprias habilidades... treinou a capacidade de observação? A utilização consciente de nossa capacidade de percepção depende de treino. O simples fato, que nem é tão simples, de prestar atenção em si mesmo, sem se criticar tomando consciência das emoções e dos pensamentos é uma forma de praticar a auto-aceitação, é uma forma de criar empatia consigo mesmo.

Quanto maior a consciência de nós mesmos, do nosso mundo interno, maior será a nossa autoconfiança. É na descoberta de si mesmo que temos o primeiro passo da Iniciação, não necessariamente no curso com os monges tibetanos ou aprendendo a jogar búzios e nem abrindo um centro espírita.

Os alunos continuaram suas observações.

— *Notei que tenho respostas hábeis para o trabalho profissional, mas não as tenho para as emoções.*

— *Eu observei que tenho responsabilidade para ganhar o meu dinheiro, mas para a administração dele já não tenho tanta habilidade.*

— Estou ganhando habilidade em me comunicar com mais clareza.

— Eu treinei prestar atenção, sem julgamentos, nos meus pensamentos. Vi cada coisa!

— Pronto! Já julgou! "Vi cada coisa!"... Simplesmente viu o que viu.

Alcli acabará sendo meu assistente. Pensei. Amo trabalhar com ex-alunos, o pessoal da clínica chegou como aluno, aprendeu, exercitou e passou de aluno a colaborador, a colega. Fico muito feliz com isto, me sinto cumprindo uma função no Universo, sou muito grata a todos os meus alunos. A função de mãe um dia acabou, as crianças cresceram, continuo amando-as até as raízes da alma, se é que a alma tem raízes, mas aí muda a função, como um dia acabou o meu contato de dependência com meus pais.

E o que faço com esse "gás", com essa energia, com essa experiência? Canalizo para meus alunos. Veja! Canalizar nem sempre precisa envolver uma outra esfera e Mestres Ascensos, pode ser feita aqui, agora. Amo meus alunos porque eles representam a minha possibilidade de trabalho mental, de pesquisa, de aprendizagem, de aperfeiçoamento, de ganho para suprir as minhas necessidades, de cultivar meus relacionamentos.

A relação aluno-professor é das mais ricas que se pode obter. Escrever o livro é muito bom, me permite a comunicação a distância com quem nunca vi, mas os meus livros nasceram do contato com os alunos.

Minha clínica de mediunidade tem cara de escola, quadro branco, canetas coloridas, lápis, papel, pranchetas, material didático, cheira à escola; quem vem pra cá é porque também curte a aprendizagem, e enquanto aprende, também ensina através das próprias questões, dos exemplos, das participações, dos relatos, dos depoimentos.

Este é um canto de Luz no meu universo — é meu têmeno, meu espaço sagrado, onde cada um traz o melhor que pode, não o ideal hipotético, mas o real, o possível agora.

Cada sessão, cada grupo é envolvimento puro. Juntos ouvimos, aprendemos, cantamos, concluímos, refletimos, "insaitamos" (de *insight*), descobrimos nos descobrindo e crescemos.

Da mesma forma que aprendi com os meus professores, continuo aprendendo com os meus alunos.

Dentro da experiência didático-clínica a empatia é básica, há de se contatar com o aluno se quero percebê-lo nos vários ângulos, é mais ou menos como um arrebatamento causado pela música, é mais ou menos igual ao que acontece quando você se entrega ao bolero de Ravel.

Há uma entrega no encontro ou não houve encontro.

No estar com o aluno acontece uma magia, que sem perdermos a individualidade nos identificamos com ele e dessa identidade, nasce uma libertação de si mesmo.

Esse é um segredo catártico que atinge o artista, quando se envolve com o personagem, sem perder sua própria identidade. Esse segredo roubei-o para mim, e esta qualidade pode estar presente numa conversa se quisermos, é bom estarmos conscientes disso. Esse segredo da arte é meio que uma fusão, uma comunhão de almas, um continuum de forças espirituais. Ao fazermos contato com a alma do aluno adquirimos uma compreensão mais íntima, ressignificamos conceitos. Desse contato resulta uma nova realidade que transcende a ambos.

Pense comigo, se eu não sou capaz de tangenciar meu aluno, aqui presente na minha frente, estou muito pouco habilitada a tangenciar seres ilustres, mestres ascensionados, a falar com querubins e serafins...

A vovó diria: "Conheça a árvore pelos frutos".

Não podemos chegar à compreensão de Deus através de

raciocínios puramente científicos, lógicos, há que participarmos Dele.

O meu encontro com Deus tem se dado através do encontro com os filhos, com os alunos, com os clientes. Neles vou projetando aspectos do meu ser, são espelhos vivos a permitir que eu me aceite e me aprenda.

Não há a menor possibilidade em conhecer o outro através de análises, testes, Q.I. ou fórmulas outras, não há a possibilidade de ensiná-lo ou transformá-lo por decreto, cursos ou livros. É no desenvolvimento que temos oportunidade de atuação, o que também não quer dizer que o outro esteja receptivo, o meu aluno geralmente está, ou não teria vindo. O nosso laboratório não oferece diploma, certificado com promessas ilusórias, não dá uma cobertura em Copacabana; oferece a oportunidade de autoconhecimento; o meu aluno se envolve em primeiro lugar com esse conhecimento e não comigo, nem com a entidade, nem com o fenômeno, mas consigo mesmo. Esse é o compromisso maior no campo da transformação da personalidade.

Quem não se envolve, não se desenvolve, ensinou-nos o professor. Esse envolvimento contamina, contagia e você vai transferindo idéias, sentimentos por meios que escapam à mensuração humana. Há uma troca energética, isto é, transe, transificação, movimento de energia, sem atabaques, sem rituais, sem igrejas.

> Qualquer sala de aula pode ser um templo,
> qualquer laboratório pode ser um templo,
> qualquer consultório pode ser um templo, depende dos participantes.
> O templo não é fora, é dentro.
> Templo é um espaço onde o espírito se projeta e atua.

— Agora quero pedir as sugestões de vocês, de exercícios que ajudem a fortalecer nossa auto-estima, lembrando daquilo que vimos até aqui, ou que vocês conheçam de outras fontes.

Cada um escreveu a sua sugestão e chegamos a estes resultados que fomos lendo e comentando:

— Não ficar esperando elogios porque auto-estima saudável não é um presente que eu possa receber dos outros.

— É um pensar correto, mas não é um exercício.

— Ser responsável pelas próprias conquistas.

— Também aqui, não houve a formulação de um exercício, de uma atividade.

— Reconhecer os próprios sentimentos.

Pensei se minha comunicação estava sendo clara ou não, e continuei:

— Gente! As idéias estão corretas, mas "a tia professora" quer em forma de exercício, de atividade a ser executada, para ficar claro como exercitar.

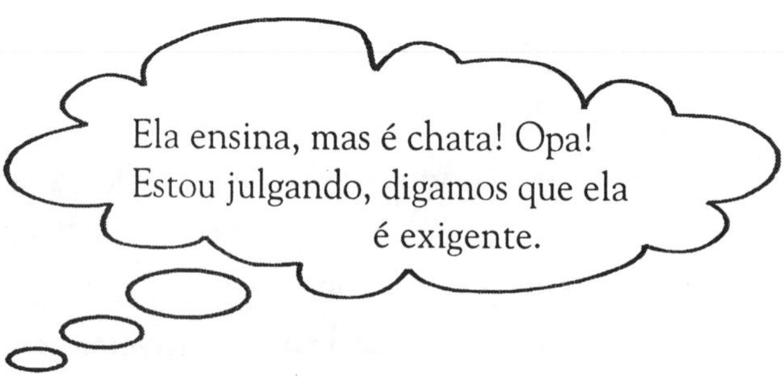

— Reconheça três qualidades suas, diariamente, e escreva-as.

— Agora ficou ótimo, é isso mesmo! Está claramente na forma de como exercitar.

— Pratique um ato de prazer diariamente, nem que seja tomar cinco minutos de sol.

— Ótimo, está na forma de ato.

— Sugiro que esta semana façamos uma lista (o ato de listar, é o exercício) das coisas que nossos familiares fazem e com as quais nos irritamos.

— Onde está a auto-estima?

— Na aceitação da irritação...

Depois de lida todas as questões, chamei a atenção para o fato de que valeu o esforço, que acertar era só uma questão de treinamento e sugeri o meu exercício:

— Pense numa pessoa que você acha bem chata. Achou? Então durante a semana, todos os dias, dê duas qualidades a ela:

2ª-feira: a) .... b) ....

3ª-feira: a) .... b) ....

4ª-feira: a) .... b) ....

5ª-feira: a) .... b) ....

6ª-feira: a) .... b) ....

Sábado: a) .... b) ....

Descubra nessa pessoa duas qualidades diariamente.

Alguém se adiantou:

— *Ah! não vai dar.*

— Vai sim!

— *Você diz que dá, porque não a conhece...*

— Cada um tem o amigo de que necessita! Digamos um amigo funcional. Vamos sim descobrir duas qualidades diárias para ela. Pense: ela não tem um cabelo bonito? Não é pontual? Sua voz não é agradável?

Vamos garimpar... e encontrar. Lembre-se de que todo mundo carrega uma semente divina em si, até o político corrupto.

— *Aparecida! Agora você pegou pesado!*

— Deus não criou ninguém de segunda linha. Vamos guardar em mente que eu não vou mentir, não vou criar elogios enganosos, vou buscar o bem que existe em cada um. Com isto exercito a percepção do bem, em qualquer lugar, mesmo escondido.

Agora proponho um relaxamento... música suave... um desligar do fora... um mergulhar no dentro...

Fizemos uma limpeza áurica nos desligando das possíveis preocupações, das situações, das pessoas...

— Você vai tirando o mundo de dentro de você como quem tira a roupa para o banho. Você vai para além do zum-zum-zum do rádio, da TV, das informações, do cotidiano. Visualize o seu corpo muito saudável, limpo, bonito. Ele é o abrigo do seu espírito. A camada de agitação se despende, cai. Com a ação do pensar e do sentir vamos promover uma limpeza na camada dos condicionamentos, dos pensamentos viciados, das crenças limitantes, das amebas, das formas-pensamento inúteis.

Vá ultrapassando a camada das emoções,
das frustrações,

do grupo social,
do sofrimento,
das glórias,
dos ideais.
Vá para além do temporário, do menos importante.
Vá para cima, para o alto da cabeça,
vá para o eu-consciência,
vá para o eu-percepção,
vá para o eu-lucidez.

É um transe de consciência, de lucidez maior.

Use a capacidade de imaginação a seu favor e imagine-se num grande templo, numa catedral.

Atravesse a nave até o altar central.

Os vitrais filtram a luz solar e confetes luminosos coloridos, fabricados pelos raios solares tocam sua pele de mansinho.

As cores da luz vêm para você. Você entra na luz. Você e a luz são um. Você se funde com a luz.

O Espírito é a Luz — o princípio. Sinta o princípio em forma de luz. Atente para a luz que envolve a sua cabeça, é aí que vamos ficar atentos.

A consciência decide, o subconsciente executa.

Agora você é apenas consciência.

Solte o mundo, solte a família, solte as pessoas, os conflitos, o nome.

No templo de luz interior você é apenas você, a consciência da Essência, sem as roupagens da reencarnação.

Vá para além da personalidade, num contato íntimo com o Si Mesmo...

Concluído o exercício fizemos uma verificação rotineira:

— Todos estão de volta para a vida de relação? Alguém tem um comentário sobre esta experiência?

Foram relatando:

— *Me senti um pouco no exercício, depois parece que tudo sumiu... e curiosamente quando você disse "de volta para a vida de relação", eu retornei.*

— Eu vi cada parte solicitada da catedral, as cores, o caminhar na luz e senti a fusão com a luz.

— *Eu não vi nada, mas senti grande bem-estar...*

Fiz pequenos comentários e encerramos o encontro lembrando que o exercício visa à serenidade para facilitar a elevação da percepção psíquica, além dos limites convencionais do plano físico.

Percebemos o universo físico, o mecanismo social nos condiciona a direção do pensamento, através das regras e normas vamos mergulhando na mente social, e se não estivermos atentos perdemos o contato com o espírito, e é o espírito que está em contato com todos os recursos universais, não a personalidade.

Se eu fechar minha consciência para o Espírito, fechei o meu contato com a fonte em mim e através da mediunidade buscamos ativar o contato com a fonte, diminuir essa distância.

Estamos buscando meios de apoiar nossa alma, não uma coisa diáfana para depois que eu morrer, mas uma alma atuante aqui, neste momento. A alma atua através da personalidade e podemos escolher um jeito mais confiante, mais responsável, mais alegre de ser...

Um jeito mais confiante é a cara da auto-estima saudável.

À medida que os encontros vão transcorrendo, os componentes do grupo vão se entrosando, chegam antes da hora marcada, fazem comentários da experiência da semana, trocam conclusões. É um bom sinal.

8ª aula

Esta noite quando entrei na classe, não havia mais o boa-noite formal, tinha um cheiro de ansiedade no ar, mas também, de mais soltura.

Uma das meninas (de mais de quarenta anos) disse:

— *Aparecida, vim pelo caminho querendo encontrá-la logo.*

— Cá estou! Toda ouvidos.

— Fazendo a lição que você pediu, aquela das qualidades, fiz descobertas outras: vi minha raiva, a intensidade dela, às vezes pouca, às vezes muita; e quando é muita, é bem visível, o corpo dá sinais: as mãos tremem, o ritmo da respiração se altera, mas quando a raiva é pouca não faz alarido no corpo, é tudo mais calmo e eu fico magoada.

Ela estava descobrindo os caminhos da Bioenergética, e a descoberta, a sensação da descoberta é inigualável. Você já observou uma criança que descobre como o brinquedo funciona? Ela que já tinha a posse do brinquedo, passa a ter a posse do funcionamento também. Guardadas as devidas proporções estávamos rumando para a posse do funcionamento. Muito bom!

— Ótimo! Quando você descobre que gosta, ou não gosta de algo, assume o sentimento ou o passa para trás?

— *Reconheço que tenho.*

— Muito bom! Porque para pessoa que se rejeita muito, que não assume o que tem, que não assume o que sente, não há terapia que produza efeito. Encarar aquilo que se sente é um grande avanço. Há pessoas que se drogam, porque não agüentam o sentir, porque é frágil nisso, na tarefa de atuar com aquilo que sentem.

— *É assim?*

— Cada caso é um caso, mas ninguém foge do que está bom... é sempre do que está ruim; e para o dependente está ruim sentir.

— *Mas esses casos não são causados por obsessores?*

— Não! São agravados por obsessores, mas não causados, a mediunidade apenas maximiza o que você tem, amplia aquilo que é um atributo da sua personalidade, da sua forma de ser, da sua forma de se conduzir, de lidar com a situação.

Se é forma pode ser mudada, e se é "a sua forma", a responsabilidade de mudanças da forma é sua também.

Há que se desenvolver as habilidades necessárias para essa mudança. É nosso objetivo aqui, desenvolver nossas habilidades de lidar com os sentimentos, com os pensamentos que produzimos ou captamos.

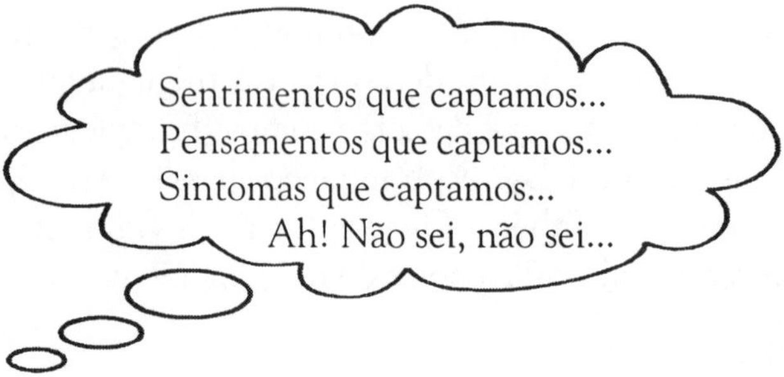

— Quando você aceita sua emoção, sua raiva, mesmo que seja disfarçada de mágoa, você pode reconhecer, observar, trocar, encarar, lidar com esse sentir de forma clara, de forma consciente. Se você nega, reprime essa raiva; mas saiba que ela não deixa de existir, ela continua do tamanho que era antes, só que agora abrigada no inconsciente.

Sentimento tem freqüência.
Pensamento tem freqüência.
Emoção tem freqüência.

O fato de reprimir a raiva não elimina a sua freqüência; uma vez que ela passa da consciência para a inconsciência, permanece a mesma e fará contato, conexão com a raiva do obsessor.

Quando a pessoa está com raiva, magoada, descontente consigo mesma, os ajustes serão internos.

— *???*

— Quando você tomou consciência, admitiu que a raiva existe e começou a mudar aquele estado de freqüência já foi dado o primeiro passo.

— *E o segundo, qual é?*

— A aceitação do que sinto. Aceitar o que sinto não significa que a emoção venha dar a palavra final. Posso sentir raiva do meu vizinho que buzina para que o portão seja aberto tarde da noite, mas nem por isso vou lá bater nele, mesmo porque ele é maior que eu, o que me obriga a buscar outra solução.

Posso sentir atração pelo "Apolo" que ministra as aulas de Filosofia, mas nem por isso vou com ele para o motel...

Posso sentir uma tremenda preguiça na segunda-feira de manhã, de uma manhã fria e chuvosa... é mais confortável ficar modorrando sob as cobertas macias. Administro a preguiça e vou para o trabalho...

Afinal eu não sou feita só de emoções... desidentificar-me delas faz parte do meu aprendizado no planeta.

Eu tenho emoção, mas não sou apenas a emoção. A emoção dá colorido à vida, mas apenas a emoção não constitui todo o meu viver.

Então vamos atentando para:

reconhecer o que sentimos,

experimentar o que sentimos,

aceitar o que sentimos e, quando necessário, educar e transformar o que sentimos.

Reconheci que acordei com preguiça. Experimentei-a. Aceitei-a, então fui trabalhar.

Isto é a reelaboração, a reversão da situação, isto é a liberdade de escolha.

Liberdade de escolha = assumir o poder.

Decidi ir trabalhar, poderia ter decidido ficar na cama, mas decidi que:

eu gosto da atividade que faço,

eu preciso pagar minhas contas,

o meu cliente também estava levantando e indo para a clínica, era falta de profissionalismo agir de outra forma,

trabalho é um aluguel que se dedica à vida,

eu queria utilizar a minha oportunidade de realização.

Então fui trabalhar com a mente mais clara (comunicação interior) porque não comecei meu dia enganando a mim mesma, fingindo que eu não tinha preguiça, ou me recriminando por senti-la.

Senti preguiça, sim. E daí? O que eu vou fazer com ela? Não é a negação, mas a resolução que conta.

Quando aceitamos o que sentimos podemos gerenciar a situação, quando negamos, perdemos o fio da meada.

Quando aceitamos o sentimento, diz a que veio e despede-se, mas enquanto ele não conseguir se apresentar, não nos deixa.

— *É ao meu olhar que o sentimento se modifica?*

— Depende do que você chama de olhar; eu gosto mais da palavra atuar: é no meu atuar, é sob a minha orientação que a emoção se transforma.

Atuar com o sofrimento?
Atuar com a inveja?
Atuar com a insegurança?
Atuar com o medo?
Atuar com a vingança?

— *Sim! Mas atuamos também com o carinho, com a arte, com a beleza, com a coragem. Atuamos com firmeza... e seguimos pela estrada...*

Os temas começaram a brotar da situação existencial do aluno, ele estava encarando de frente. Me senti feliz por estar atuando ali, por ser um agente facilitador naquele processo.

— Meus amores! Vamos à lição de casa, quem fez? Era aquela lição que versava sobre as qualidades da pessoa "bem chata". E você, leitor, fez o exercício ou desperdiçou a oportunidade? Ou ainda fará?

Nossa finalidade não era fingir ver qualidades onde não existam, mas quebrar condicionamentos. Colocamos um rótulo no pescoço do outro... mas ele não é apenas o meu rótulo, há outros atributos que eu não vejo, mas que estão lá. O exercício beneficia quem faz: disciplina mental, quebra de resistência, apuro de observação e toda essa colheita nesse campo é bem-vinda, além de servir de termômetro, pois se você o fez, dedicou parte do seu tempo à sua pesquisa mostrando para você mesmo o quanto está empenhado nisso... Lembra-se? O tempo utilizado em fala dos valores que assumimos.

Pense em que você gasta a maior parte do seu tempo.

Declaro que é importante divulgar essa visão de mediunidade, mas passo 90% do meu tempo preparando festas de aniversários.

Declaro que quero emagrecer e insiro na minha lista de compras caixas de bombons, panetones, pizzas e torresmos... Isso dificulta, é claro.

É bom reexaminar como estou investindo minha energia, como estou priorizando o meu tempo? Uso pra mim ou para os outros? Está confortável, ou desconfortável? Quero olhar para isso agora?

Vamos descobrindo que assumir responsabilidades sobre nós mesmos é libertador e caminhamos na direção de assumir responsabilidade sobre o aumento da própria auto-estima.

Às vezes a minha cliente diz:

— *Ah! o meu marido fala, fala, me deixa aturdida, não quer isto... não quer aquilo.*

O problema não é o marido dela, é ela.

Gente! Na mesma proporção que me esquivo, que me ausento da minha responsabilidade sobre mim, causo estragos na minha auto-estima.

Veja, maridos autoritários, mandões, violentos não nasceram casados com ninguém. Mulheres temerosas, submissas, acomodadas também não nasceram casadas. Foram se encontrando, se atraindo, se buscando.

Uma das alunas perguntou:

— *Como é praticar auto-responsabilidade?*

— É o pensar por si. Meu marido pensa como pensa e tem direito a isso. Eu penso como penso e tenho direito a isso.

— *Ah! meu marido não quer que eu pense assim.*

— E você como quer pensar? Gente, pensar não é um mero reciclar da opinião alheia. É liberdade intelectual. É perguntar com honestidade: como isto ou aquilo é pra mim?

O auto-responsável caminha para a solução, o acomodado espera a solução. Quando falamos de liberdade intelectual, estamos falando de um direito doado pela natureza, que fez cada um com um DNA diferente do outro, sinalizando a individualidade; estamos descobrindo essa liberdade, principalmente as mulheres que até cinco séculos atrás "nem tinham alma". Era assim que se pensava.

Até 1888 declaradamente gente escrava não era gente, era coisa, coisa comprada, coisa trocada.

Falar de liberdade intelectual com quem espera, por tradição, por ser mimada, ou ser mantida, é uma abstração. Falar em auto-responsabilidade pressupõe o desenvolvimento já efetivo de alguma habilidade.

Estamos todos aprendendo cada um no seu nível, do seu jeito... mas eu vou insistir... e quando você fala em liberdade intelectual dentro de um centro espírita... (quem já falou sabe do que eu estou falando) a reação é:

— Ela está obsediada!

Gente! A conquista do ser, a transcendência, a melhora do planeta não acontecerá através de um grande *ebó*, ou do uso de uma palavra mágica, não é fazendo ritual, ela acontecerá através da autoconsciência. Enquanto fizermos rituais e poluirmos as águas vamos ficar marcando passo.

Pense sempre:

> Isto que está sendo falado serve pra mim? E não importa o nome de quem está falando.
>
> Isto que está sendo ensinado serve para mim? Tem meu tamanho, minha medida ou me sufoca?
>
> O que a mídia está anunciando eu preciso?

— *Aparecida, mas foi o presidente que falou.*

— Veja se serve para você.

— *Ah! mas foi o chefe da Igreja Cristã do Alto das Nuvens que ensinou.*

— Veja se serve para você.

— *Ah! mas a deusa Ciência incorporou o ilustre cientista, o Professor Doutor, formado pela Universidade de... Chefe do Departamento de Pesquisas do Reino de Avilã... e foi ele que disse que...*

— Veja se serve para você.

Veja se serve = analise, experimente e observe os resultados.

> Se o resultado serviu: aprove.
>
> Se o resultado não serviu: desaprove.
>
> Este é o caminho para a auto-estima saudável.
>
> Este é o caminho para uma mediunidade saudável.

Quando você compra sapato, você não experimenta para ver se serve? Ou você compra mesmo que não sirva, só porque o sapato foi feito pelo Senhor Sapateiro Real do Reino das Águas Claras?

Tenho um amigo espiritual que repete com freqüência:

— "Observe, minha filha, observe".

E na primeira vez que ele assim se expressou, eu retruquei:

— Mas só posso observar segundo a minha visão.

— "E a visão de quem mais a natureza espera que você tenha?"

Veja que mico, eu podia ter passado sem essa, mas foi ótimo, aprendi com firmeza ver o que me serve.

Aquilo que você já treinou, você sabe o resultado. O que não treinou, não tem obrigação de saber — aqui entra quem quiser pesquisar a Teoria da Aprendizagem por ensaio e erro. Você pode errar sim, o erro faz parte da aprendizagem, porém se você já observou que não dá certo, procure outra saída. O ratinho do laboratório faz isso! E não tem o nível da inteligência humana.

Não precisa ser um gênio para saber o que serve e o que não serve.

O que serve é a sinalização do prosseguimento, o que não serve é desconfortável, insuportável: aqui entra a lição do desapego.

Fenômenos mediúnicos que servem.

Fenômenos mediúnicos que não servem.

Mensagens que servem.

Mensagens que não servem.

Rituais que servem.

Rituais que não servem.

— *É verdade, tem gente fazendo ritual sangrento.*

— É o caso de perguntar: ritual sangrento serve ou não serve? para quem?

Vamos observar se a pessoa já tem essa habilidade do poder de escolha (serve, não serve); é só usar na oportunidade propiciada pela mediunidade.

Pessoa com baixa auto-estima não escolhe, é guiada; não assume soluções, pede soluções, aguarda sempre, nunca toma iniciativa. Espera que algum anjo venha salvá-la.

O médium de baixa estima não assume, pede soluções, espera do mentor, do guia, do orientador, e ao esperar a solução pronta não percebe que colabora para o não desenvolvimento das próprias habilidades; mas está tudo certo! Cada um no seu processo e o sol ilumina a todos.

Veja o que serve para você!

E aquilo que me serve, pelo uso, pelo exercitar, torno firme, torno cada dia mais forte. Quanto mais você pratica uma coisa melhor fica nessa prática; quem levanta peso fortalece os músculos, quem treina natação ganha velocidade no meio aquático, quanto mais você reclama, melhor fica em reclamar.

Você fortalece o que pratica.

Você pratica confiança em si, ganha auto-estima saudável, ganha realização.

O pessoal de sucesso em qualquer área, é o pessoal que crê na própria capacidade de realização e quanto mais realiza, mais confia em si e mais realizações consegue.

Reconheça seus talentos e fortaleça-os.

Todo mundo é forte em alguma coisa.
Todo mundo é firme em algo.
Você é seguro no quê?
O que você faz com grande segurança? Quero respostas.

— *Eu faço bordado em pedraria.*
— *Eu sou bamba em fazer pavê de chocolate.*
— *Eu em comer o pavê, me convide.*
— *Sou firme no tricô, faço belíssimas blusas de inverno.*

Eu observava a segurança com que cada um expunha suas habilidades. Fiquei bem contentinha de perceber esse comportamento, o que me fez lembrar de uma antiga professora, que se estivesse presente provavelmente eu ganharia um puxão de orelhas, ouvi sua voz ecoando nos meus ouvidos: "não se envolva com a situação"; por outro lado me veio além da voz, o olhar azul de um outro professor: "quem não se envolve não se desenvolve". O que me serve? Me dei o direito de ficar bem contentinha com o desenvolvimento do grupo. E outro pensamento se interpôs: a fala "não se envolva com a situação" foi dita no Curso de Complementação pela Professora Doutora com tese defendida na Universidade Cinco Estrelas em País de Primeiro Mundo.

Desliguei então a fala e escolhi conduzir meu pensamento pondo ordem no galinheiro mental. Respeito o que a professora falou... aquilo era bom para ela, naquela época do curso, mas tenho firmeza em mim o suficiente para ficar de comum acordo com o meu sentir "ficar bem contentinha" e ainda me ocorreu que a Professora Doutora poderia não saber fazer um passeio dentro da alma do outro e encontrar o caminho de volta, eu me sentia a própria Ariadne! Interrompi meu pensar e voltei a atenção para o grupo novamente, que havia declinado pacotes de qualidades para o amigo chato.

— Nossa lição hoje é: reconhecer a própria firmeza; o quanto somos seguros, confiantes em nós, o quanto damos crédito para nós mesmos.

Se eu não der crédito para mim como vou trabalhar com o imponderável? A psiquiatria convencional coloca mediunidade e loucura no mesmo patamar.

— *Firmeza é o quanto você se mantém?*

— É o quanto você se sustenta, o quanto você confia em você.

Quem promete coisas a si ou ao outro e depois não cumpre, diminui a crença em si mesmo, empurra a auto-estima ladeira abaixo.

Firmeza é constância na confiança.

Todo mundo é firme em alguma coisa, todo mundo tem firmeza investida em algo, mesmo naquilo que não é bom.

Tive clientes firmes na teimosia, feito mula empacada.

Tem gente firme no ódio.
Tem gente firme na doença.
Tem gente firme no mal-estar.
Tem gente firme em querer dominar o outro.

Tem gente firme em guardar desaforo.

Tem gente firme em fazer pirraça.

Tem gente firme na indecisão.

Tem gente firme no "não consigo", firme na impotência.

Tem gente firme no postergar.

— *Que é postergar?*

— É ensebar, a pessoa deixa tudo para depois.

E tem gente firme na decisão: "Nunca mais vou lá".

A firmeza existe! Como a gerenciamos... é outra coisa.

O cismado põe a firmeza na cisma.

O fanático põe a firmeza na crença.

O vício é mantido com a firmeza do cidadão.

Um médium há de ser uma pessoa firme, para não se abater com o mundo à sua volta, pois é sempre alvo de comentários menos felizes, ou na outra ponta endeusado; é muito cobrado:

o médium deve...

o médium não deve,

o bom médium é... (aquele que segue as minhas regras)

o mau médium é...

— Sempre pergunto "bom ou mau" segundo os padrões de quem? segundo a fita métrica de quem?

Por vezes o médium é rejeitado, discriminado ou explorado.

Se ele não tiver uma personalidade firme, sofre! Não por causa da mediunidade, mas por causa da personalidade orelhuda, que dá orelhas, que dá ouvidos, que dedica atenção ao rio poluído de opiniões ao seu redor, a seu respeito.

Gente! Médium sem auto-estima saudável é candidato ao sofrimento e nem precisa ser médium, basta dar atenção a coisas, opiniões ou situações desagradáveis, para contaminar-se.

Gente de confiança frágil, qualquer um derruba, porque a pessoa não acreditando no que sente é levável, é conduzível. A pessoa faz dúvida e fazendo dúvida perde a certeza, para não assumir responsabilidade. Mais do que uma vez eu já ouvi:

— Ah! mas eu não me lembro de nada, foi o mentor que disse.

Quando ouço, penso, mas que falta de comprometimento com o próprio processo... se ele não pode validar o que o mentor dele fala, por que eu vou validar?

Eu não quero para mim um médico que não esteja comprometido com a medicina, nem um professor que não esteja comprometido com o ensino. Imagine como é a atuação de um músico não comprometido com a música, com a execução.

É nessa situação que o meu amigo espiritual diz:

— "Observe, minha filha, observe".

Foi assim que comecei a indagar a função da mediunidade para o próprio médium. Tudo que o Pai do Céu criou tem função, e função nobre. Se não conseguimos ver isso, é outra coisa.

Precisamos de firmeza inclusive para olhar o nosso ponto fraco, e não aprendemos deixar um espaço para efetuar esse reconhecimento.

Nossa educação foi calcada em moldes de pode,
não pode.
Nossa educação foi calcada em moldes de deve,
não deve.
Nossa educação foi calcada em moldes de obedeça e
não questione, não pense, não sinta.
Obedeça a tudo.

Nossa personalidade foi ficando envolta numa névoa densa para não sentir-se, não pesquisar-se. Imagine que entre a personalidade e a alma criou-se uma barreira a ser transposta.

Muitas vezes aprendi a rotular-me segundo os padrões alheios e a ficar firme contra mim, ou firme contra o que sentia. Veja que coisa mais pobre.

Use sua firmeza, sua autofirmação para conhecer-se, para sustentar-se ao invés de usá-la para idealizar "o certo", segundo os padrões de sabe Deus quem.

Deus o criou.

Você é como é, está aprendendo, tem boa vontade! E pronto!

É responsável só por você, pelos seus processos.

Não idealize que sua mediunidade tem que ser assim ou assado, ela não se adapta muito a esse tipo de escolhas, ela é como é. Antes trabalhe no sustentáculo da sua mediunidade, trabalhe aprimorando a sua personalidade que o mais "vos será dado por acréscimo".

Você foi educado para não sentir raiva, isso é repressão, ou não sentir curiosidade, ou não sentir atração sexual, na minha geração era assim. Diante do tamanho todo dessa repressão, todo esse material reprimido vai para algum lugar, e se transforma em compulsão por comida, por bebida, por cigarro, por chocolate. Depois a pessoa vai tomar passe, rei-ki; nem vou comentar...

Na compulsão come demais, ganha uma gordura mórbida, carrega excesso de peso, comprime o coração que fica apertado dando pinotes dentro do peito. E pede ajuda para o astral. Haja ajuda!

Na compulsão bebe demais, destrói neurônios, compromete o sistema nervoso ou trabalha até a exaustão, não se alimenta adequadamente, não descansa. Aí o cidadão nessa situação desencarna, facilitado pela compulsão, é um auto-suicida, e permanece doente no astral... até que se ajude.

A ajuda de fora não te cura, toda cura vem de dentro.

Conhecer-se é serviço de elevação.

A firmeza está ligada à clareza no perceber, não dá para praticar auto-estima saudável num mar de ignorância.

Quando abandona a firmeza, a dúvida se instala por trás das cortinas e a pessoa não se assume, não se observa, facilitando a auto-sabotagem.

Vou destruindo, por ignorância, a minha auto-estima saudável quando:

> acho que o outro é empecilho,
> vivo reclamando, me queixando,
> acho que o outro é superior.

Em qualquer religião achar que o outro é superior, é de lei. Todo mundo fala em nome de Deus, só que sem procuração.

Gente! Ninguém dá dignidade pra ninguém, nem o guia, cada qual toma consciência de si.

A famosa dúvida existencial, trocando em miúdos, é coisa de quem não quer se comprometer com a escolha que fez. Lembra-se do ratinho do laboratório, não tinha dúvidas existenciais; se o caminho do queijo estava bloqueado ele procurava outro caminho.

Atrapalha bastante a auto-afirmação, o senso de tragédia, o drama que fazemos diante das situações, mesmo sabendo que elas são passageiras, pois não me contam que sejam eternas.

A função da firmeza está em garantir o seu padrão interior, a sua alma, o seu EU, e não para te sufocar, a firmeza está para garantir o seu melhor no seu natural.

A firmeza começa no ato de pensar, mas prolonga-se até a ação. A firmeza é a força que converte nossas aspirações em realizações.

Ninguém pratica firmeza enquanto estiver pedindo "faz pra mim", "dá pra mim". Ao contrário, a firmeza traz no seu bojo uma disposição maior para enfrentarmos os desafios da vida, para expandirmos nossas habilidades, nossa eficiência, nosso auto-respeito; é a disposição que usamos quando adentramos em novas áreas de aprendizagem ou quando aceitamos tarefas que exigem um pouco mais de nós.

Nossa árvore (de analogia) precisa de galhos firmes para sustentar as folhas, (o contato com a atmosfera) e os frutos.

Raiz = Autoconsciência.

Terreno = Auto-aceitação.

Caule = Habilidade, Responsabilidade.

Galhos = Firmeza.

Agora vamos dar prosseguimento ao nosso exercício prático (música suave), relaxamento, limpeza da aura e sua expansão. Indo passo a passo caminhamos um pouco mais até a percepção.

— Solicite a presença de seu amigo espiritual, quer você o chame de mentor, de guia, de guardião, não importa o nome, peça a ele que participe desse exercício.

Médiuns são pessoas que trabalham com elementos delicados: vibrações, fluidos, energias vindas do psiquismo de encarnados ou desencarnados, percebem aquilo que está acima do habitual. Por vezes sintomas físicos ou emoções repentinas sem causa conhecida, pensamentos que não seguem sua própria linha de raciocínio.

Tais energias são captadas pelos centros de forças (chacras) ou orientadas por amigos espirituais.

Solicite que o amigo espiritual envie um jato de energia na sua direção e se permita ficar bastante receptivo, mais nada, apenas receptivo, sem obrigação de ver, de ouvir, sem obrigação de obter mensagens, permaneça apenas receptivo...

Observe se você registra algo... mas tenha em mente que não há nenhuma obrigatoriedade, tudo ocorre naturalmente como o inspirar e o expirar.

Pausa...

Agora peça para o amigo espiritual cessar o envio de energia e fique só com a sua própria energia.

Pausa...

Agora de novo vamos solicitar que o amigo retorne o envio energético, porém de forma mais densa e busque observar as sensações.

Pausa...

Agradeça a participação do amigo espiritual, despeça-se...

Vamos retornando a atenção para o ambiente físico da sala...

Pausa...

Gostaria que aqueles que queiram, relatem suas experiências:

Houve percepção?

Qual?

Como?

Marcamos no quadro aquilo que foi relatado pelos participantes:

arrepios,
formigamento nas mãos,
sonolência,
ondas de calor,
frio,
aceleração de batimentos cardíacos.

Todos puderam perceber que embora tivéssemos participado do mesmo exercício, a experiência havia sido única para cada um.

Alguns perceberam logo nesta primeira tentativa a diferença solicitada da energia mais densa para a energia mais leve, outros não.

Havia bastante material para reflexão durante a semana.

Gente! Hoje, a tia não vai marcar lição, cada um elabora a sua.

9ª aula

Subindo para a sala, desde as escadas, já se ouvia risos no ar... ambiente alegre, pessoal integrado, também sorri interiormente. Estampei o sorriso interno na face, avancei sala adentro e fui me achegando na conversa, e, na primeira oportunidade, perguntei:

— Criaram uma lição de casa? Fizeram?

As respostas não se fizeram esperar:

— *Estive observando as pessoas ao meu redor, umas eu pude ajudar no tocante à auto-estima, outras não.*

— *Eu olhei bem os homens à minha volta e notei que o machão tem baixa auto-estima.*

— *Eu nunca tinha notado que meu filho de treze anos dá sinais claros de baixa auto-estima, ouvi várias vezes quando disse: "não consigo", sem mesmo tentar e não tenta, por medo de errar. Fiquei contente de poder identificar e orientar melhor.*

— *Eu estive reconhecendo as minhas principais qualidades...*

Cada um fez a lição, segundo seu nível de necessidade e auto-afirmação. Deram atenção aos próprios valores e tiveram disposição para suprir suas próprias necessidades. Não apenas a lição, mas todo o curso e todo laboratório são suprimentos de parte de nossas necessidades. Quem vem a um encontro como o nosso, que necessidades têm? Quem lê um livro chamado *Mediunidade e Auto-estima*, que necessidades têm?

Necessidades como:

> um motivo forte,
> o que é inevitável,
> um estado de carência,
> uma defasagem,
> exigência para um ajustamento,
> um sentimento de insuficiência,
> uma característica daquilo que é imprescindível — por exemplo: a água é imprescindível à vida.

A mitologia grega personificou a necessidade numa deusa: Ananque, a deusa da fatalidade.

Fui até a lousa e escrevi:

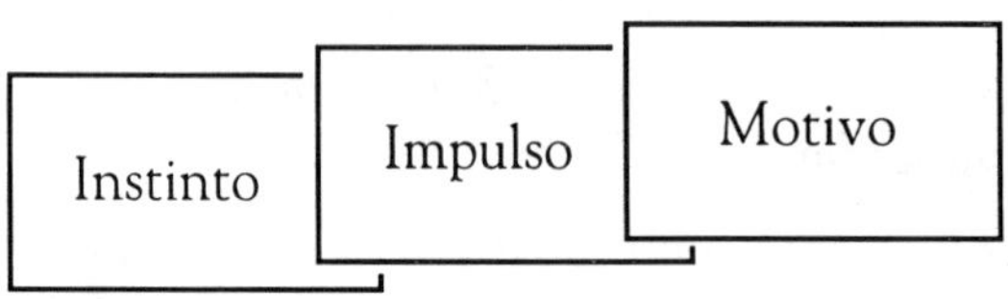

> Instinto: força de vida no bicho.
> Impulso: força de vida no homem.
> Motivo: força de vida com um nível mais avançado de consciência.

No bicho, no animal, a necessidade vem sob a forma de instinto, uma força de vida que o guia, no homem esta força permanece, mas ganha um toque maior de inteligência (espera-se) e quando assimila a inteligência humana e integra também os sentimentos, essa força chama-se motivo. Como numa escada, um degrau se apóia no outro e a consciência transita entre eles.

Temos necessidades básicas que ombreamos com os bichos, nossos irmãos (em casa, o cão é membro da família com direito a amor, atenção, alimentação saudável, assistência médica, vacinas, carinho e até passe e tem direito, que não sei quem concedeu, a algumas malcriações...); sentimos fome, cansaço, sono, desejo sexual que são necessidades ligadas a sobrevivência.

Temos necessidades de segurança: proteção contra os perigos físicos ou abstratos, o desejo de estabilidade através de um emprego estável, queremos um relacionamento estável.

Temos necessidades sociais, buscamos pertencer a um grupo de trabalho, de lazer, de crenças, fazemos parte de algum clube ou de uma ONG.

Temos necessidade de estima, da própria estima, de confiança, de reconhecimento, de apreciação.

Temos necessidade de auto-realização, de cumprir uma vontade, um anseio da própria alma, de cumprir uma tendência que mora dentro de cada um. É a necessidade de realizar seu potencial.

Vivemos num mundo onde o trabalho é fundamental para a sobrevivência e para a realização. Você acredita que é um portal de realização da vida, que você co-cria com o Pai do Céu, que você é o diretor executivo da Inteligência Universal, ou sua baixa estima por si, não permite isso?

Na auto-realização, naquela sensação gostosa de "missão cumprida", de preenchimento interno, somos parceiros da criação, a espalhar a luz que já temos, não importando se é a luz é igual ao fósforo que apaga fácil... é a que eu tenho no momento e agradeço por tê-la, quero mantê-la e ampliá-la.

Na auto-realização de Vivaldi, de Chopin ou de Lenon o mundo ganhou mais um caminho de sensibilização através da música; na auto-realização de Toulouse-Lautreac, de Renoir o mundo ganhou mais caminhos para as formas e cores; na auto-realização de Kardec, o mundo ganha uma visão do outro lado da vida com o apuro didático do professor; vindo mais pra perto, no tempo e no espaço, tivemos oportunidade de agradecer a Sabin a vacina que nossos filhos tomaram e achegando mais, pense na colaboração de Elis Regina.

— *Ah! Elis Regina não era espírita!*

— Jesus também não!

Não precisa ser freqüentador de seita para espalhar luz no Universo. Eu nunca soube o credo religioso da Elis, mas ela colocava um auditório todo em transe enquanto cantava.

Recorde-se do trabalho do piloto que carrega medicamentos de um continente a outro, do ajudante de enfermagem que aplica a vacina, do padeiro da esquina que levanta de madrugadão para que você coma um pãozinho crocante de manhã. Também não sei a religião deles, e não tem a menor importância o substantivo que a denomine, pois para o avanço do planeta importa mais a colaboração deles.

Lembra-se? "Cada um ajuda como pode, como sabe e como quer."

Não sei a religião do meu pedreiro, mas amo a qualidade dos seus serviços, ele conserta as paredes da clínica bem alegrinho, cantarolando com suavidade enquanto faz os reparos necessários. Nossas paredes foram reparadas com argamassa, com o canto e a satisfação dele e a minha. Amo minha clínica e tudo que ela representa, ela é a contraparte física das minhas crenças, da minha capacidade de realização e amo mais ainda saber que a capacidade de realização mora em mim; um dia a clínica vai ficar pra trás, como ficou a escola, mas a capacidade que é minha, seguirá comigo sempre, porque é uma conquista.

O fato de tornar-se uma abertura pela qual escoa a realização universal, está mais relacionado à sua auto-estima... se você não se sente capaz... se guarda o sentimento de não consigo, danou-se! Tudo que chega em você pára, não tem continuidade, até a mediunidade.

Seja uma abertura e não um bloqueio universal.

Isto é opcional.

— *E o carma, como fica?*

— Não sei o que você chama de carma. Mas sei que aquilo que você aprendeu aprendido está, depois que você conquistou sua habilidade de lidar com aquele setor a habilidade é sua, está nas suas mãos fazer uso dela ou não.

— *E não paga o carma?*

— Alcli, você acaba de perder o cargo de meu assistente, que havia pensado em lhe oferecer.

— *Nunca o tive, ninguém perde o que não tem!*

— Olhe aqui, preste atenção! Dei aula durante muito tempo para as crianças...Vinha o aluninho para a minha classe e eu ia ensinando, e ele ia errando ou acertando. Eu tornava a ensinar aquilo que ele havia errado. Eu retomava o ensino e ele errava de novo. Você já percebeu que eu vou encher a página disso, pois dei aulas durante trinta anos.

O aluninho não entendia o mecanismo da multiplicação, errou, errou muitas vezes.

Imagine que ele tenha errado perto de cem vezes. Lá um dia,

ele fez uma nova sinapse neuronal e descobriu o caminho da mina... e acertou a conta.

Eu "taquei" um certão para incentivar. Ele havia entendido, aprendido. Pronto!

Ele não precisava pagar cem contas certas para mim, para que ficasse redimido das cem contas erradas.

Ele repetiu a operação para aprender, e quando aprendeu, aprendido está! E pronto! Não tem nada a pagar, tem aprendizagem a realizar.

Uma vez meu amigo espiritual contou uma história de um médico que andou fazendo umas experiências com cobaias humanas, num campo de concentração... desencarnou... andou lá pelo astral se tornando mais lúcido e chegou a hora do reencarne...

Voltou inteligente, saudável, em boa família, com chances de estudo.

— *Você acha bonito isso?*

— Não acabei a história ainda. Ele veio perfeito, inteligente, estudou, voltando a ser médico e dedicou-se ao estudo das epidemias, pesquisou, encontrou a causa de uma doença e a vacina para a cura. Ele não precisou ser cobaia várias vezes para pagar...

Pense: ele faz o outro de cobaia, o outro depois o transforma em cobaia também, para pagar; e ele transforma o outro em cobaia novamente... Nós vamos encher a página disso e não vai ter fim.

Numa outra oportunidade faremos um seminário sobre o carma (conceitos evolutivos).

Agora nós vamos transformar o nosso carma usando nossa aprendizagem.

Hoje gostaria que conversássemos sobre nossos propósitos conscientes, sobre nosso pensamento reservado, aquele desejo íntimo que dirige a nossa ação — nossa intenção.

Quando buscamos um cursinho temos um propósito, provavelmente o vestibular, quando abrimos o chuveiro, quando ligamos a TV, tem um motivo, uma intenção por trás.

Um comportamento não é gerado no vazio, há um propósito por trás. Observá-lo é bom, mas torná-lo específico é melhor: "preciso ir ao supermercado":

> Qual supermercado?
> Qual o horário de menos movimento?
> Minha agenda está livre nessa hora?
> Que vou comprar?
> Faço lista? como vou pagar?
> Tenho como trazer a compra?

Vou para o laboratório de mediunidade: que busco?

> Está claro meu objetivo?
> Tenho disponibilidade interior?
> Tenho horário livre, ou vou uma aula sim outra não?
> Quero praticar o que aprendo, ou quero apenas ouvir?

À medida que deixo claro o que busco, será mais fácil reconhecer na hora que encontro.

Quando sei onde quero chegar, sei durante a caminhada se estou me aproximando ou me afastando do objetivo. Em termos energéticos um propósito é uma carga vital direcionada, é a intenção que constrói a forma-pensamento.

— *Que é forma-pensamento?*

— Todo pensamento emite uma vibração que age na

"matéria" do campo mental dando uma forma a ele dependendo de sua própria natureza. Um pensamento que envolva amor tem uma natureza, um pensamento que envolva vingança tem outra natureza; então cada um terá sua própria forma, terá sua própria cor.

— *É uma imagem?*

— É! Dá para entender assim, mas não é uma imagem como a do quadro na parede que é uma imagem parada, digamos que a forma-pensamento é uma imagem viva formada a partir da "matéria" do próprio campo mental do cidadão pensante, que projeta uma porção de si mesmo, que entra em conexão com a matéria do meio ambiente que contém a mesma natureza.

— *Não entendi, como entra em conexão com o meio próximo?*

— É um princípio ecológico, Alcli, você não está em conexão com seu ambiente próximo constantemente através da respiração? Não toma água? Não ingere alimentos?

— *Você já viu uma forma-pensamento?*

— Não! Alguns alunos que têm vidência me relatam. Eu apenas a sinto, a percebo, mas não é sempre... não é uma percepção que eu comande, que eu domine, ela ocorre quando ocorre.

— *Como? Se você não vê?*

— Nem tudo que você percebe, é notado através da visão.

Você capta ondas sonoras sem vê-las.

Você, mesmo de olhos fechados, percebe se está num meio líquido ou não, se está frio ou calor.

A consciência é feita de percepções.

Pense comigo: Zeca só tem tato, sente frio, calor, sente o líquido, o pastoso, etc.

O universo que Zeca conhece mesmo estando nesta sala, aqui conosco, é bem pequeno.

O irmão nº 1 de Zeca tem tato e olfato.

Então ele tem tudo que Zeca tem, mais todos os odores do ambiente, o cheiro do bife, o cheiro do bolo, o cheiro da mamãe, o cheiro do cachorro.

Morando no mesmo ambiente, o irmão nº 1 tem um universo maior.

O irmão nº 2 tem tato, olfato e paladar.

Então ele tem tudo que os anteriores têm, mais o gosto dos alimentos podendo fazer maiores conexões com o ambiente. Quando Zeca come (por não ter paladar nem olfato) o alimento lhe parece não ter gosto nem cheiro. Ingerindo o mesmo alimento, seu irmão n° 2 tem a textura dos alimentos (tato), o cheiro do alimento (olfato), o sabor do alimento (paladar).

O irmão nº 3 tem tato, olfato, paladar, audição e visão, portanto seu universo é mais rico, capta mais estímulos no mesmo ambiente dos anteriores.

O irmão nº 4 do Zeca tem um sentido a mais, a mediunidade, no mesmo ambiente ele tem um alcance maior, percebe o teor energético do ambiente.

Somos o irmão n° 4 do Zeca, uns mais, outros menos, mas a percepção energética não se prende a um sentido ou a um órgão como a percepçãp física, ela é difusa.

— *Ah! Quem vai acreditar nisso?*

— Em primeiro lugar a crença é livre; segundo não tenho obrigação, nem disposição, nem poder para convencer ninguém; as pessoas se convencem do que querem quando querem.

Eu sou responsável pelas minhas crenças.

Você é responsável pelas suas crenças.

Ele é responsável pelas próprias crenças, e por aí segue.

Conhecimento interior exige tempo, maturidade, observação... empenho.

Tive alguns alunos que viam em algumas ocasiões as formas-pensamento e no linguajar deles, a chamavam de elemental artificial, porque ela lembra uma entidade viva porém temporária; sua duração depende da intensidade de quem a gerou.

Em gente de pensamento fraco ela dura um pouquinho.

Em gente de pensamento forte ela dura bastante.

Você a cria, a nutre a partir do seu propósito consciente, da sua intencionalidade por trás do ato.

Gente! Está ficando mais claro porque médium sem auto-estima saudável é um sacrifício:

reza,
pede,
acende vela,
faz ebó,
lê salmo,
canta mantra,
usa pedra lilás, preta...
toma banho de mar, de sal, banho do amor,
participa do ritual,
dá passe,
toma passe,
ministra johrei,
aplica rei-ki.

pratica a caridade,
bate tambor,
bate cabeça,
lê evangelho,
prega a palavra,
tem toda a gama de fenômeno.

Tudo tem seu valor a seu tempo, mas tudo voltado para fora, a intenção por trás é pedir lá fora uma ajuda:

para o médium,
para o outro médium,
para o mentor,
para o anjo,
para o pastor,
para o santo,
para o orientador.

Tudo tem seu valor... mas vovó dizia "Ajuda-te e o céu te ajudará!". Quando eu era menina escutava e registrava, hoje faço uso do registro.

Tudo tem seu valor, mas a minha questão básica é: conscientiza? Aprende?

A vida traz abundantes oportunidades; eu fui estudar, filosofar, "metafisicar", pesquisar, mas se não fizesse nada disso, vovó tinha lançado sementes na minha alma, algumas brotaram, outras ainda não, mas vida é eterna e eu não desisti de nada e tempero meu almoço com auto-estima positiva todos os dias.

O meu jeitão na vida é prosseguir. Qual é o seu?

Lentamente como criança que vai descobrindo o mundo,

saímos do fora para o dentro, descobrimos um lado da balança, agora estamos descobrindo o outro.

Não podemos apressar ninguém se lhe falta maturidade para... você já comeu banana verde? É ruim, mas bem madurinha é uma delicia, além de nutritiva. Não amadurecemos ninguém a golpes de palavras, apenas ofertamos sementes.

Numa outra analogia podemos usar a comparação da escultura para a forma-pensamento cuja forma depende da natureza, da intenção, do propósito do escultor.

Imagine que o pensamento de um matemático produz formas bastante definidas, o pensamento de uma pessoa bastante decidida tem forma bastante precisa. O pensamento da "Maria-vai-com-as-outras" possui forma imprecisa, lembra uma nuvem.

A forma-pensamento apresenta cores aos olhos do vidente; meu amigo espiritual fez um comentário sucinto das cores, disse ele:

— "A cor do pensamento está ligada ao sentimento que ela carrega:

cinza, revela medo".

Pense comigo, para mudar a cor da aura, eu preciso mudar o sentimento do medo, não dá para enfiar a mão dentro do cliente e arrancar de lá o medo, mas dá para trabalhar com sua auto-estima:

verde-escuro, semelhante a um lodo revela um complexo de inferioridade nutrido pelo arrogante, pelo vaidoso, por aquele que mantém um parecer ser, por quem se deprecia ou se rebaixa numa falsa humildade, achando que não é bom o suficiente; aparece também na forma de setas pequenas que costumam fazer um rombo na aura do depressivo.

Pense, ali estava a dica vaidade, arrogância, depressão; era preciso atuar na personalidade do médium e aqui entra o conhecimento que a Psicologia oferta como uma ferramenta de trabalho a serviço do desenvolvimento do ser. Esta é uma bonita conexão "conhecimento-trabalho":

preto revela ódio. Tem sempre forma esférica, aparência viscosa...

Ele via a forma-pensamento, bem como sua cor, e dava a esse conjunto um significado segundo seu nível de percepção:

vermelho revela paixões angustiadas, apego ao passado, raiva recalcada, ressentimento, desgosto.

Observe que ele fala de paixões angustiadas associadas ao vermelho; perguntei a cor do amor e meu amigo espiritual falou do rosa:

rosa iluminado com fulgurações em tons de lilás cintilante.

Eu me imaginei cantando "nana nenê", envolvendo meus pimpolhos em luzes cintilantes... Amei a idéia.

azul identifica sentimento religioso,

do **amarelo** ao **dourado**, revela-se a intelectualidade.

As formas-pensamento além das cores apresentam luminosidade: as mais sublimes são mais límpidas, translúcidas, as mais densas são viscosas, obscuras.

Então quando pensamos, projetamos a forma-pensamento

daquilo que queremos criar, lançamos na dimensão astral nossos desejos íntimos, projetamos nossos propósitos, projetamos no astral a nossa intenção, que é meio caminho andado para a realização.

A intenção A forma-pensamento	combina-se com a energia semelhante do ambiente	e forma a nossa realidade

Agora junte intenção + firmeza = a quê?

Uma intenção firme carregada de carga vital seguindo com persistência chega, no meu caso, na realização do livro, por exemplo. Não basta apenas querer, é preciso sentar, organizar as experiências vividas, passá-las para o papel de forma clara, com começo, meio e fim. Encadear as idéias de forma a facilitar o raciocínio de quem lê... Mesmo depois que você escreveu, o livro não está pronto, apenas a idéia foi para o papel. O caminho ainda é muito longo até o livro ganhar corpo.

Procure perceber para onde seus propósitos estão conduzindo-o, se estiver bom pra você, ótimo! Se não estiver, mude-os.

As idéias, os pensamentos elaborados com atenção, com intenção, com propósito bom ou ruim não importa, produzem formas-pensamento que numa linguagem mais acadêmica podemos traduzir como subpersonalidades.

É nossa intenção, neste momento, dar prosseguimento aos nossos exercícios de percepção energética...

Música suave...

Em cada encontro reiniciávamos, desde a fase inicial de limpeza áurica, e avançávamos um pouco mais.

Limpeza... relaxamento... expansão áurica... percepção da presença do mentor... energias mais densas... energias mais sutis...

Avançamos no exercício solicitando que cada um tentasse captar a presença do amigo espiritual, sem que este, nesta oportunidade executasse nenhuma ação direta sobre o médium, bem ao oposto da vez anterior, cabendo agora ao médium com seu teor de sensibilidade perceber a presença do mentor.

Terminado o exercício cada participante fez sua narrativa, alguns perceberam de forma bastante nítida a presença do mentor, outros nem tanto. É uma questão de maturidade para oportunidade de treino, de se permitir, de ampliar o espaço de percepção.

Antes de terminarmos, uma das alunas contou que a partir de dedicar mais a esse tipo de exercício começou a ter uma percepção mais apurada dos lugares que freqüentava.

É exatamente a proposta, lapidar a sensibilidade é o que buscamos.

Era uma boa sinalização.

Terminei o encontro como comecei, com um sorriso refletido no rosto, era o bem-estar da alma se utilizando do corpo biológico para espalhar contentamento.

Fiz o meu comentário habitual interno; Pai, Você e eu formamos uma grande dupla.

10ª aula

Em cada reinício, temos por hábito rever "as cenas do último capítulo".

Então recordamos que no solo da aceitação plantamos a semente da consciência, que se expande nas raízes do pensar, do sentir, do intuir, da arte, raízes pelas quais se alimenta, produzindo a seiva que nutre nosso direito à felicidade.

Lembramos também que vamos transformando o potencial através do treino, em habilidade que fica, como toda conquista interna, à nossa disposição, tornando-nos responsáveis. Do caule da habilidade partem os galhos que com firmeza sustentam as experiências, nossas trocas, somos seres atuantes no princípio ecológico, todos participam do Todo.

Chegamos nas flores que é a promessa do fruto.

frutos (integridade)
flores (propósitos)
folhas (firmeza)
caule (habilidades)
solo (aceitação)
raízes (consciência)

Um vegetal não cresce a esmo, há um princípio que o rege. Tudo no Universo é ordem, ainda que nem sempre o homem consiga perceber.

Fica mais compreensível a dinâmica da Vida quando enxergamos com mais profundidade.

A intenção	é o início do uso dos poderes que temos	para atingir os propósitos que queremos
⇩	⇩	⇩
Forma-pensamento	dotada de vitalidade que se funde	com as demais energias similares, criando um produto
⇩	⇩	⇩
Consciência	cria	a realidade
⇩	⇩	⇩
Eu	sustento	minha existência

"Eu sustento minha existência", é uma frase que está absolutamente colorizada pela auto-estima.

Ninguém vai atuar com sucesso no mundo energético antes da conquista da auto-estima.

Todo orientador, do painho ao Ph.D., não está isento de conhecer algo sobre a dinâmica da auto-estima, pois todo cliente, quer do painho, quer do Sr. Prof. Dr. Cinco Estrelas pela universidade de onde quer que seja, traz uma queixa de que as coisas não estão bem; ninguém nunca entrou aqui na clínica e disse: Aparecida, estou ótimo!

Diz depois do amadurecimento.

Todo cliente independentemente do conteúdo da queixa traz na sua bagagem:

> não sou bom o bastante,
> sentimento de inferioridade,
> ausência de auto-aceitação,
> ausência de autoconfiança,
> sensação de culpa,
> sensação de vergonha, ou seja, uma auto-estima em frangalhos.

Ao leitor que é orientador em qualquer nível, fica a sugestão de pesquisar sobre o tema, discordar, buscar outras alternativas e tornar-se um agente multiplicador.

Um mestre torna-se aquilo que ensina.

O professor veicula a informação e fica comprometido com o uso dela.

Ensinar sem usar pode tornar-se perigoso.

A vida "protege" numa certa medida o ignorante, não o preguiçoso. Sem contar que mais será solicitado a quem mais foi dado.

"Está tudo harmônico no Universo", é o que o meu amigo espiritual costuma repetir, e isso está ficando um cada vez mais nítido para mim; é um outro jeito de dizer cada um está onde se pôs.

Fui observando que quando a vida incomoda é hora de renovar. O incômodo é um sino que toca anunciando que é hora de crescer, não precisamos sentir culpa, vergonha, só perceber que é hora de crescer, já é o primeiro passo.

Se coisas ruins estão acontecendo muito provavelmente você está indo contra você.

Habilidade de lidar com o pensamento, com a imaginação disciplinando essa área é uma intenção deste laboratório, se não grande capacitação, ao menos consciência da possibilidade. Estou falando de disciplina mental.

Gente! Aprender por exemplo a controlar a fantasia, suposição (que são outras versões da forma-pensamento) para não sofrer sem necessidade, é indispensável ao médium.

No mês anterior atendi Michel, um administrador de empresa, de quarenta e poucos anos, que entrou carregando nas costas:

> uma sensação de "sou um fracasso",
> sou culpado de não manter na escola minha filha de 23 anos,
> estou sem emprego,
> mais culpa,
> mais vergonha.

Tinha o que tinha, a ausência do emprego.

Sob um outro olhar, ninguém precisa rotular-se de "Sr. Fracasso"...

Sei que perder o emprego não é agradável, mas o que soluciona não é lamuriar-se, é buscar outro.

— *Ah! Mas é difícil! Ninguém dá emprego a ninguém com mais de 35 anos.*

— Eu não entendo bem essa idéia, o mais jovem diz que ninguém dá emprego a quem é jovem, porque não tem experiência.

Será que toda a população ativa do país está na faixa entre 25 e 35 anos? Eu tenho 59 e não dou conta da minha agenda.

— *Não Aparecida! É que no seu caso, professor... gente que trabalha com orientação é diferente...*

— Vá dar aulas na sua área.

— *Ah! Tem que fazer mestrado. Não quero voltar para a escola. Gosto de artes.*

— Vá para uma galeria...

— *Ah! Não sei... Eu moro sozinho...*

Minha namorada não quer vir morar comigo; e se ela me largar?

Michel foi fazendo o discurso do neurótico:

"E se ela me largar?"

"E se eu ficar sozinho?"

"E se o dinheiro acabar... eu vou morar num asilo sujo?"

— *Explique isso.*

É característica do neurótico, a fantasia desastrosa, "e se ela me largar?" "e se eu ficar sozinho?" — é uma imaginação que corre para o ruim. Outra característica é que a solução é fora: ninguém com mais de 35 anos consegue emprego (fica implícito: Eles não me dão emprego).

— Gente! Toda generalização é uma distorção; não é verdade que "ninguém dá emprego a ninguém com mais de 35 anos; e se o dinheiro acabar? Vou morar num asilo sujo?" (imaginação sem controle).

As formas-pensamento que ele produzia eram uma pior que a outra...

Michel tinha desenvolvido muita habilidade em:

> largar o pensamento sem controle... criando idéias que o atormentavam,
> (se é para imaginar por que não imaginar coisas que agradem)
> cultivar tristeza,
> cultivar desolação.

Enquanto discursava ia literalmente incorporando a vítima. Ele criava um campo propício para que as entidades desoladas, aquelas que acreditam no sofrimento, na impotência se acoplassem ao seu campo áurico (por freqüência como se ele fosse um ímã). Suas formas-pensamento juntavam-se às outras com a mesma vibração, com o mesmo ritmo como numa dança orquestrada pela desgraça.

Nesse transe emocional, a respiração enfraquecia, o peito ficava mais comprimido, os ombros caídos, o olhar voltava-se para o chão... Ele literalmente incorporava a vítima... Não era necessariamente um transe mediúnico de psicofonia, mas um transe de autovitimismo.

Fazemos, lentamente, quase sem perceber, de nossa vida um inferno por ausência de disciplina mental, depois perdemos o ânimo de viver.

No centro é caso típico de desobsessão... para afastar o encosto... Entendo e aceito esse pensar, porém é ajuda, não é solução. No centro, a pessoa obsediada usa um médium que usa o próprio tempo, o próprio empenho, o próprio magnetismo, usa a ajuda do mentor, no espaço físico da associação, que alguém precisa cuidar, manter limpo, etc., etc., para afastar esse encosto, porém todo esse dispêndio energético terá sido em vão se Michel não mudar de atitude, e não mudando de atitude fatalmente atrairá outra companhia do mesmo teor.

A técnica de desobsessão ajuda, mas não conscientiza, e se não conscientizar (no terreno da aceitação, plante a semente da consciência) não temos o domínio da situação.

— *Neurose é campo aberto para a obsessão?*

— É uma porta aberta para a obsessão. Sem esquecer que tanto a obsessão quanto a neurose tem uma gradação. Quer dizer, não é igual para todos.

— *Como é uma pessoa neurótica?*

— Podemos entender como neurótica uma pessoa que tem

> um desajuste na personalidade,
> um desajuste no jeito de lidar com a vida,
> dificuldades de convívio social,
> uma doença (funcional) sem causa física, por exemplo, não consegue andar, mas seu corpo físico está perfeito, ou não ouve corretamente, mas a constituição do ouvido está perfeita.

O neurótico é inseguro, dependente, repetitivo, não está centrado em si.

Há aspectos de sua personalidade que não cresceram.

— *Mas um pouco disso todo mundo tem.*

— É! Um pouco.

O problema é quando tem muito, mas aqui também não tem régua, tem bom senso, tem observação, tem pequenos ajustes diários.

Um dia aprendemos a utilizar a imaginação de forma produtiva (um planejamento, um projeto, um rascunho do que quero fazer).

No outro aprendo a usar minha expectativa de forma saudável, como probabilidade baseada nas minhas habilidades... porque uma expectativa mal usada, judia da pessoa, sufoca. Na expectativa de parecer ser (vaidade) algo que não era, Jane uma das minhas clientes, ia todos os domingos jantar na casa da Dona Sogra. Sua intenção era parecer ser educada, não desagradar o marido...

Se cobra em ir todos os domingos (repetitivo).

Jane estava vazia, nenhum prazer verdadeiro...

Jane se cobra uma cara alegre.

Jane se cobra uma disposição, um diálogo, etc.

Depois do jantar número 89 ela não agüenta mais, é visível sua insatisfação, quando o domingo amanhece ela começa a ficar irritada.

A irritação mostra a baixa auto-estima, ela não sustenta o que sente, pois faz sua participação com contrariedade.

— *Aparecida, você está pregando a discórdia!*

— Não! A discordância é de Jane, não é minha. Eu não vou jantar aos domingos, na casa da sogra dela.

O problema não é o jantar, é a disposição interior de Jane — o jeito como vai ao jantar.

— *E o que você falou para ela fazer?*

— Eu não falei! Não é minha função falar o que ela deve fazer. Já tem gente fazendo esse falatório na vida dela, não precisa de mais um. Minha função é fazê-la perceber o próprio processo e aí ela resolve com ela, com a cabeça dela, com o coração dela, o que ela quer fazer.

— *Mas ela é obrigada a ir ao jantar senão...*

— Senão o quê?

— *Senão ela desagrada a todos e fica um clima pesado.*

— Ninguém a obriga. Ela se obriga a ir ao jantar e pra ela a situação já está pesada. Observe como é necessário perceber o próprio sentimento, os propósitos com os quais agimos. Jane tem o propósito de parecer ser educada, só que aquilo que ela entende por educação é repressão de sentimentos...

Aprender a conhecer-se é fundamental no caminho da espiritualização. Vou insistir:

Adianta do ponto de vista espiritual, ir ao jantar, sem vontade, contrariada?

Adianta rezar pedindo paciência?

Adianta fingir que está contente?

Adianta fazer uma mandinga para o domingo à noite?

Adianta ficar depressiva e depois se aplicar rei-ki?

Ninguém precisa cuspir em ninguém! Mas pense no seguinte: em Jane pedir um espaço para a honestidade de sentimentos? Precisa coragem? Precisa! se não tem coragem de falar cara a cara, telefona!

Se não der pra telefonar, escreva, arruma um jeito de expressar ou deixa como está. É ela que escolhe: pode até aprender a gostar do jantar...

Nem todos têm o seu sentir sob comando. Estamos todos aprendendo.

Tudo tem preço: ir ao jantar ou não ir ao jantar. É preciso ver o que é mais lucrativo.

O mentor não vai escolher nada por ninguém, antes nos alerta que a razão do reencarne é para aprendermos a controlar a imaginação, ou seja, termos disciplina mental.

O homem mergulha na matéria para aprender usar a mente.

Fomos juntando as informações que nos chegam:

"Aqui no astral aquilo que você pensa, aquilo que você acredita, fica real à sua volta, as mentes descontroladas vivem um pesadelo vivo. As pessoas que morrem alucinadas não apenas chegam berrando, gritando, como permanecem na própria criação mental por anos... Vivem, ficam naquela situação ruim até que venham a reagir.

Enquanto não reagir, o mentor, mesmo aqui no astral, não pode atuar. É necessário esperar que o cidadão tenha dado o primeiro passo. É a lei do respeito à decisão de cada um.

O pessoal da ajuda não pode atuar quebrando a lei do respeito humano".

— *Mesmo se a pessoa estiver em sofrimento?*

Foi-me explicado que não se pode interromper o processo de aprendizagem do cidadão na dor.

Certa vez meu amigo disse textualmente: "A gente só vai atrás de quem está pronto para a ajuda"; é uma outra versão do não atirar pérolas aos porcos.

Ia amadurecendo dentro de mim aquela fala: "aprender a trabalhar com a imaginação é fundamental".

Imaginação = imagem em ação = forma-pensamento.

Uma outra informação que veio através da psicofonia:

"Aqui onde nos encontramos (no astral), os ambientes são

feitos com a vibração da mente, com o pensar. Aqui tem de tudo, ambiente bom e ambiente ruim.

O ambiente bom é formado pelas pessoas, cujas mentes são controladas, positivas, equilibradas, que são voltadas para o Bem, para o belo; mas tem lugar muito triste, feio, ruim, de muito sofrimento que é formado pelos habitantes que têm as mentes desorganizadas, mentes que abrigam o medo, a maldade, a malícia.

Como em toda parte, aqui temos lugares bons, ruins, mais ou menos, tudo depende do grau de evolução".

— *E o que é evolução?*

— É o controle interior. A posse de si.

— *O que é a posse de si?*

— A natureza nos dotou de muitas faculdades... posse é aprender a usar essas faculdades, no caso, a faculdade da imaginação ou da intenção.

É bom usarmos nosso discernimento já conquistado e observarmos com que intenção praticamos nossos atos.

A intenção dá rumo à energia e arquiteta a forma-pensamento.

— *A intenção dá rumo à energia?*

— Sim! Estamos todos aprendendo.

O Bem não é óbvio, é descoberto.

Viver de modo intencionalmente produtivo exige que cultivemos dentro de nós autodisciplina, traduzindo isto para mediunidade: conviver com a mediunidade de modo intencionalmente produtivo exige que cultivemos autodisciplina, isto é, exige a capacidade de:

organizar o pensamento,
organizar os sentimentos,
as emoções...

Para, na seqüência,

organizar o ato.

Pois se o cidadão não sabe organizar só o seu próprio pensar e o seu próprio sentir como vai organizar suas idéias mais as idéias alheias?

Idéia do médium Idéia da entidade

///// = espaço comum

Há um espaço comum a ser administrado pelo médium, pois isto é dentro do campo mental dele, o que não quer dizer que automaticamente já tenha desenvolvido habilidade necessária para gerenciar aquilo; aí quem for mais hábil lidera.

É como uma sociedade temporária (transe) onde o sócio majoritário (consciência mais hábil) conduz o processo.

Quem vai tomar conta desse território?

O que for mais habilitado, maior conhecedor desse mecanismo.

O capitão do navio que chega não entra no porto, aguarda o prático, porém se não houver o prático, a embarcação corre riscos.

Faz sentido isso?

Jane não sabe lidar com a irritação, não assume o sentimento e não assumindo, não aprende a conduzi-lo. Se ela soma isto com os sentimentos das entidades ao redor, e no caso presente ela soma, o universo energético dela é terra de ninguém.

Ela não é capaz de gerenciar seus sentimentos. E queremos que ela gerencie um aglomerado de sentimentos.

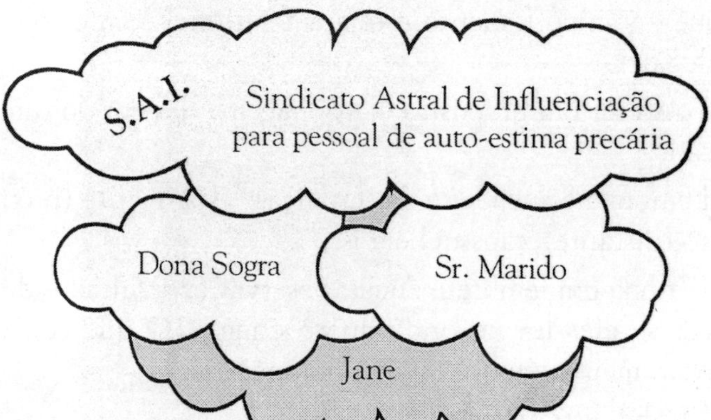

Há de desenvolver a habilidade de atuar com seu universo mental-emocional, senão nada feito.

— Alcli, você entendeu agora por que não estou pregando discórdia? Primeiro Jane vai reconhecer o que sente, para depois ver que rumo quer dar a isso.

— *Entendi.*

— Nada progride sem disciplina; disciplina é uma virtude de sobrevivência principalmente em se tratando de mediunidade.

Busca ter em mente com clareza quais são suas intenções com relação à mediunidade, pois elas comporão as formas-pensamento. Vamos recordar do aluno que queria mediunidade (psicofonia) para incorporar o *exu*...

Qual a intenção por trás? Manipulação, poder por meios ocultos. Nessa intenção, com esse padrão vibratório ele se coloca na freqüência dos manipuladores.

Monitorando nosso universo mental estamos "pré-vendo", tendo uma visão prévia do comportamento — o comportamento que sendo mais sólido, é mais fácil de ser observado, atentando para que o comportamento esteja em sintonia com os objetivos estabelecidos.

Posso ter um propósito claro, mas me desviar do rumo por distração.

Lembra a brincadeira das crianças "está quente (próximo), está frio (distante), mostra bem isso.

É ainda um lembrete eficaz: observar os resultados dos atos para ver se eles levam onde quero chegar. O que equivale a perguntar: meus métodos estão funcionando?

Minhas estratégias valem a pena?

Tem gente que toma rei-ki três, cinco anos seguidos e não se pergunta a funcionalidade desse procedimento? Funciona ou não funciona? Houve um progresso ou não houve progresso?

Lembro o caso do meu colega professor, ele queria ensinar:

respeito,
responsabilidade,
conteúdo programático ao aluno, o objetivo era claro.

Ele queria ensinar usando broncas, sermões, gritos, alunos fora da sala, ameaças...

Resultado: Professor descontente, aluno indisciplinado.

O objetivo era claro, mas a estratégia inadequada.

— *Qual é a atitude inteligente?* — perguntou uma das alunas.

Uma outra respondeu:

— *Mudar a estratégia, o jeito de fazer as coisas, pois o resultado indica que o objetivo não foi atingido.*

Objetivo:	Estratégia:	Resultado:
cura da doença sem causa física	terapia curso ginástica passe	a ser observado

Cada um vai conferir se o resultado está bom para o seu caso.

Quero que você busque agora sua intenção hoje em continuar participando desse grupo.

Quero que o leitor faça o mesmo com relação à leitura do livro.

Tenho trabalhado ao longo desses quarenta anos com pessoas que buscaram o tema mediunidade com as mais diferentes intenções:

arrumar namorado (eu não tenho um namorado na clínica para ofertar a cada cliente solitária),

arrumar emprego,

porque tem estado muito nervoso,

para meu marido acabar com a outra,
que a partilha seja a meu favor,
ganhar na loto,
que o filho deixe de usar drogas,
que o filho passe na escola,
que o marido a trate melhor,
que a sogra dê sossego,
que o time ganhe o jogo,
que o inquilino mude.

Aí chega aqui e encontra uma "Aparecida qualquer", que

nem incorpora para atender às pessoas,
não tem atabaques tocando...
nem velas acesas...
nem pedras coloridas...
nem mantras...
nem efeitos físicos...

Uma "Aparecida qualquer" que só fala sobre:

auto-responsabilidade,
autoconfiança,
conhecimento de si mesmo,
autodesenvolvimento,
educação emocional,
observação do universo mental,
mediunidade, como forma natural de percepção do mundo energético, cujo objetivo é o desenvolvimento do ser.

— Ah! Eu não quero nada disso, eu só quero arranjar um namorado (intenção).

Informes:

Informo que na clínica não tem namorados... só conhecimento.

Informo que os prováveis namorados são encontrados a partir do seu magnetismo, inteligência, graça e beleza; nos shoppings, parques, teatros, clubes, praias, bailes, congressos, cursos, e por que não nas aulas de Filosofia? Ou na aula de Psicopatologia?

O encantamento está em todos os lugares.

Ah! Gente, me encantei com tudo na vida, com os meninos lá atrás na infância, com o baile e seus dançarinos rodopiantes, com a música, com os vestidos longos e curtos, com os anéis e brincos, com os livros e seus donos. Fui nos bailes e arranjei lá um namorado, me encantei com ele... casei...

Aí me encantei pela filharada, sua fala, seu riso fácil, me mantive alegre em vê-los crescendo, indo uniformizados à escola e de lá voltar com um caderno cheio de garatujas... me encantei com os alunos, com o olhar amigo do meu cão, com os estudos que vieram.

Hoje me encanto com as possibilidades todas que se abrem à minha frente, o trabalho na clínica... o olhar dos Alclis... um livro que atravessou o oceano para chegar às minhas mãos, o e-mail que vem do outro lado do mundo com a fotografia do filho distante...

O encantamento, aprendi, é como óculos, pode ser usado ou não — é uma conquista desta encarnação. Se quando eu morrer houver um "grande juízo de encarnação" e me for perguntado: "*Aparecida, o que você fez de útil na última encarnação?*"

— Conquistei a posse do encanto!

— *E na próxima, qual sua pretensão?*

— Espalhá-lo...

Agora vamos observar durante esta semana a lição de casa:

> Qual o propósito no relacionamento que mantenho com o meu marido?
> Com o meu filho?
> Com cada amigo meu?
> No meu trabalho?
> No atendimento de minhas necessidades?

Pense claramente no seu propósito em particular da próxima etapa da aula.

Fizemos o relaxamento com música suave, a limpeza áurica, a percepção do amigo espiritual, o envolvimento com o amigo espiritual, com a recomendação que tudo seria muito espontâneo e que ficaríamos na observação das sensações para que pudéssemos começar a classificar:

> Ocorrem sempre da mesma forma?
> É sempre palpitação ou sempre calor?
> É outra sensação, qual?
> Sente sempre no mesmo local ou muda?

Dessa observação, nasce na seqüência um código: a sensação de frio ou calor o que representa para mim? O calor sempre tem a mesma referência?

O código é pessoal; não tem um carimbo único para todos.

Eu tinha vindo com a intenção clara de que esta noite

pudéssemos estudar o tema integridade. Olhando para o resultado da aula fiquei satisfeita com as reflexões, a participação da turma, porém o tema proposto não havia nem sido mencionado.

Segundo o esquema descrito nesta aula, objetivo – estratégia – resultado, algo havia de ser revisto.

11ª aula

Era segunda-feira, estava anoitecendo, era hora de rumar para a clínica.

Tudo adequadamente organizado, flores nos vasos, música ambiente, um cafezinho amigo, higiene irrepreensível, e aquela delícia de gente descontraída, que busca aprender.

— Boa noite, meus amores! Hoje quero falar de integridade pessoal.

— *Mas você não vai "corrigir" a lição do propósito consciente?*

— À medida que avançamos na nossa programação só vou comentar se vocês quiserem, ou as dúvidas e nem vou mais "passar lição", ela passa a ser uma habilidade desenvolvida, ela passa a ser nosso compromisso com o conhecimento; no encontro passado eu fiquei devendo o tema integridade.

Quando pensamos em integridade nos lembramos de... e cada um foi falando do que lembrava:

coisa inteira,
leite integral,

qualidade do que é completo,
o que não falta nada.

Eram diferentes formas de dizer a mesma coisa.

Ao invés de dizer coisa inteira, eu disse: pessoa inteira, pessoa completa, pessoa que usa tudo que possui, que não deixa nenhuma parte de fora da sua vida.

Não deixa o raciocínio de fora.
Não deixa a emoção de fora.
Não deixa a habilidade de fora.

Meu amigo espiritual mais de uma vez afirmou que "proteção divina só funciona diante da integridade"; bastava que alguém solicitasse proteção divina, ele repetia a fala.

Eu me indagava o que ele queria dizer com isso? Aos poucos fui amadurecendo a idéia.

Um dia estudando auto-rejeição comecei a entender que quando formamos nossa auto-imagem, muitos dos nossos componentes nos foram apresentados como feios, desagradáveis ou pecaminosos, não que sejam, mas aprendemos que eram.

Era feio aceitar mais um bombom daqueles maravilhosos que a tia fazia, ou correr pela casa. Era desagradável uma criança participativa, curiosa. Era pecado a desobediência, a raiva, a inveja, a gula, a preguiça, a sensualidade. Na minha infância era ensinado que se alguém morresse em pecado ia para o inferno, sem contar que o cidadão já nascia pecador — nascia em pecado original. Tudo era pecado, tomar banho demorado era desobediência e qualquer coisa que fosse desobediência era pecado — uma transgressão à lei divina.

Eu não entendia bem isso, não ligava muito, mas decorava o

catecismo. Desde a infância tinha prazer em estudar o que mais tarde soube chamar-se Teologia, mas gostava de uma Teologia livre, do meu jeito, nada de pecado original... Eu sou a primogênita de seis filhos, e não entrava na minha cabeça que aqueles bebês tão pequeninos e frágeis que vinham para casa, que precisavam da proteção da mamãe e da vovó, de silêncio, de cuidados especiais já fossem pecadores. Eles não sabiam nem andar, nem falar, nem pensar... como podiam ter pecado?

À medida que fui crescendo, essa idéia foi crescendo junto; não cabia que outro irmãozinho já viesse culpado de alguma coisa, era de novo tão pequeno culpá-lo de algo ou considerá-lo "um pecador original" parecia-me uma agressão à razão. Lá um dia decidi que no meu universo não cabia o conceito de pecado, melhor, o de ignorância, de ausência de consciência... Eu havia feito uma descoberta fenomenal, das mais importantes na minha vida, a liberdade de valorização, a liberdade de crença, que eu era livre para acreditar como melhor me aprouvesse.

Nessa época já havia caminhado pelos centros umbandistas, kardecistas, algumas igrejas protestantes; cada um deu sua colaboração, me servi como numa floricultura (escolho as flores de que eu gosto, faço-as parte do meu ramalhete), andei pelos núcleos de estudos teosóficos e fui escolhendo as idéias que mais me agradavam. Na universidade fiz a mesmíssima coisa, ouvi tudo que os professores disseram, estudei tudo que foi orientado (afinal eram eles que corrigiriam as provas...), mas escolhi o que trazer comigo.

Trouxe a idéia que participamos do nosso crescimento e fui observando como fomos condicionados e como podemos mudar conceitos e crenças limitantes.

Para sermos aceitos aprendemos desde a infância a reprimir nossos sentimentos, era pecado sentir, depois aprendi literalmente com o professor de psicopatologia que não era pecado, mas era abençoado sentir.

A natureza não nos dotou de órgãos dos sentidos, de emoções e sentimentos para que pecássemos, mas para nos dotar de conhecimento.

Abençoado seja o professor de psicopatologia!

Quando comecei a trabalhar no centro espírita notei que a idéia de pecado, aquela que eu abandonara, era pulsante, e muito! Vinha disfarçada através do carma, só que agora sem o beneplácito da confissão; ao menos no catolicismo havia a possibilidade do perdão sacerdotal, agora não mais, era o draconiano faz — paga!

Abençoada seja a liberdade de crença! Amém!

Esta é uma das minhas orações favoritas.

Para quem já havia banido o pecado, banir o carma não seria bicho-de-sete-cabeças.

Um dia alguém indagou:

— Você não tem medo de falar que não tem carma, que a pessoa pode modificar o próprio destino?

— Não! Sou professora, e um professor sabe que a aprendizagem modifica o ser.

Todo mundo nasce analfabeto, mas não é carma, e ao aprender a ler tem acesso a um outro universo que se utilizado, modifica a própria vida. Eu não sei se o aluno se convenceu. Eu estou convencida disso.

Condicionamentos adquiridos foram nos tornando hábeis no uso da repressão; era só aparecer um sentimento ou uma idéia não muito bem aceita e pronto, construíamos um muro e despejávamos o "entulho psíquico", o material rejeitado lá atrás do muro; à medida que o "lixo" subia, o muro era erguido, ficando a falsa afirmação que pra cá do muro sou eu, pra lá do muro não sou eu.

Engano!

O muro, o material além e aquém do muro sou eu.

O ser é íntegro, nada fica de fora, tudo que aparece no meu universo fica sob a habilidade do meu gerenciamento. Todo aquele material reprimido, mais o muro, eram energias que estavam estagnadas de um lado e fazendo falta do outro. É como se jogássemos esse material reprimido dentro do poço, e depois ficássemos na boca do poço tomando conta para que o "bicho preso" não escapasse.

O bicho não escapa, mas nós ficamos presos à borda do poço tomando conta.

É bonito isso? Eu me aprisionar à borda do poço?

Entendo que é melhor educar o bicho, educar o instinto, o impulso, dando a essa energia desprezada um outro formato.

Só conheço um caminho para isso, a educação — palavra de professora.

Quando sufocamos a força instintiva que é uma força divina, uma força de vida, criada pelo único Criador, ela nos fará falta mais adiante; é como se eu jogasse fora o trigo e depois queixasse que não tenho pão.

O instinto é uma matéria-prima a ser elaborada, tanto quanto um diamante bruto. Você já viu um? Não é aquela pedra maravilhosa, brilhante, reluzente incrustada no seu solitário. Ela ganha o fulgor na lapidação; quando, pela primeira vez, vi uma pedra dessas em seu estado natural pensei "é isso que custa tão caro?".

O instinto é um diamante bruto.

Da raiva, do ódio vêm:

a coragem,

a iniciativa,

a ação,

o pioneirismo,
o dinamismo,
a independência.

Não é para sufocar o ódio, é para integrar, é para educar, é para transformar.

Se você jogar fora a pedra bruta, não tem diamante.

Se você sufocar o ódio não há coragem, não há iniciativa, há medo, há desânimo.

Da curiosidade vem:

a ciência,
o conhecimento,
o remédio,
a pesquisa,
a habilidade,
a comunicação,
o desenvolvimento da inteligência.

Da sexualidade vem:

a criação,
o contato,
o convívio,
o relacionamento,
a arte,
o desenvolvimento do afeto.

Fica claro que não devemos sufocar nossas forças internas,

nossos instintos, nossos impulsos, mas educá-los e integrá-los para que sejam instrumentos em condições satisfatórias de uso.

Na busca posso ser honesto ou tendencioso, mas não é para eu sufocar o potencial.

Tudo que o Pai do Céu criou tem função nobre, estamos descobrindo quais são.

Da ciência pode resultar vacinas ou bombas, nem por isso vamos fechar os centros de pesquisa.

O fogo prepara o alimento ou faz incêndio, depende do rumo que a consciência que o utiliza lhe dá.

Não rejeite as forças da natureza, integre-as. Só que para integrar é preciso conhecimento e conhecimento cansa, implica dedicação. O anestésico é parte integrante do curar, mas isso demandou conhecimento preciso.

É necessário um certo nível de maturidade para darmos valor à atitude de integridade na nossa própria auto-avaliação.

Não se integra o desconhecido, se faz necessário conhecê-lo. Para que haja integração todas as partes precisam estar presentes:

as células compõem os tecidos,
os tecidos compõem o órgão,
os órgãos compõem o sistema,
os sistemas compõem o corpo.
Tudo é junto, integrado.
Tudo está conectado a tudo.

Lembra-se do tei-gi? Opostos complementares? É uma outra forma de raciocinar sobre o tema.

Espírito > mente > pensamento > sentimento > corpo > ambiente

A vida integral do homem envolve esses aspectos: O espírito, que é a vertente da vida em mim; a mente, que é uma usina de forças que atua através do pensamento, no sentimento, no corpo e no ambiente de forma simultânea. Vão na mesma direção o pensar, o sentir e o agir.

Essa postura de caminhar com pensamento, sentimento e ação numa mesma direção, é para quem já amadureceu pelo menos um pouco, gente imatura não vai entender nada, não é maldade, é imaturidade, uma criança de três anos não pode participar de uma discussão de Geopolítica, ela não tem alcance para isso.

A questão da integridade pessoal se coloca para os que estão a caminho da luz interior, para aqueles que querem crescer em espírito.

Crescer é ampliar-se.

— *Ampliar-se? Entendo que a criança cresce, mas o espírito também cresce?*

— Digamos que o Espírito, a Vida, a Criação já está ocorrendo! Sempre esteve! Mais precisamente nós é que tomamos consciência, que damos um espaço maior para a percepção que estamos inteiros conectados com a Fonte da Vida, que não tem pedaço meu fora dessa conexão.

Lentamente fomos percebendo que tudo tem função no Universo, que podemos fazer um uso mais inteligente das forças que possuímos.

— *Mas escutamos muitas informações: isto é o melhor, não!, é aquilo. Como reconhecer o melhor?*

— O melhor é aquilo que conduz a um bom resultado, a um resultado saudável, prazeroso. É simples. Sinta o resultado.

Observe, quando nos comportamos de forma diferente daquela que valorizamos, que julgamos, que cremos ser a mais adequada, perdemos o respeito por nós mesmos. Vibramos numa energia de desrespeito e atraímos o desrespeito que exista e ao nosso redor.

A vida sinaliza.

Não estamos apartados dela, estamos integrados; quando me comporto, penso, falo o melhor que já consigo, me coloco na freqüência do melhor que eu já consigo; quando abandono o melhor, já não estou integrando aquela atitude ou aquele comportamento, já assimilado, ela responde através das situações criando alertas, a dor é um deles. A doença, o mal-estar indicam que estou me afastando daquilo que já posso executar de modo mais adequado.

Você sabe que o seu número de sapato é 37, mas insiste num 36 — o pé grita; dói.

Você já aprendeu, já sentiu que tem estrutura para encarar a verdade na saúde, no relacionamento, no trabalho, ou qualquer outro setor, mas resolve que vai mentir porque ninguém vai saber que você não está agindo eticamente com quem confia em você. Mas se você olhar, a crença eleita é: posso enganar, posso iludir...

Então você se colocou na freqüência dos enganáveis, dos iludíveis. Ninguém vai castigar ninguém, a sua crença escolhida o coloca na freqüência da ilusão. Você se candidata espontaneamente à ilusão, por não integrar no seu comportamento aquilo que já era do seu conhecimento.

A desilusão só bate na porta do iludido.

Amo a frase de Emmanuel: desilusão é a visita da verdade.

— *Isso quer dizer que quando nos iludimos, adoecemos ou arranjamos qualquer tipo de dor?*

— Devemos mudar a direção do leme interno, porque o resultado está doendo.

Meu professor diria: "É preciso fazer a atualização cósmica", isto é, trocar alguma atitude, alguma crença que já não está servindo mais. O que, por sua vez, depende do nível de desenvolvimento de cada um. A Inteligência Universal não é sádica, não vai solicitar aquilo que você não pode dar.

O Bem para cada um é diferente, é relativo; o âmbito mental ou emocional de um ser não pode ser rotulado de "mal", de "errado" por não ter alcançado ainda padrões mais altos. Cada um tem o tamanho que tem.

Só a integridade protege: muitas vezes você vê uma pessoa maravilhosa, bonita, agradável, culta em sofrimento.

— *Se não tem carma, essa dor, esse sofrimento, está sinalizando o quê?*

— Que ela é muito boa, mas não está integrando, usando, aplicando aquilo que já faz parte da consciência dela; e ao lado existe um cidadão que é um "tamanco" mas vai indo muito bem.

Parece que "a maravilhosa" não está fazendo o melhor que já sabe e que o "tamanco" está no melhor que pode. Não importa se é líder religioso, político, filósofo ou médium. Se o sofrimento pintou no seu cenário é a vida gritando: Mude! Mude!

Esta semana nossa lição será a observação do pensar e do fazer com a finalidade de descobrir se os dois caminham na mesma direção.

— Dê um exemplo.

— Recomendo para as minhas crianças o cultivo da paciência e esmurro os alunos.

Falo da imparcialidade, mas tenho quilos de favoritismos.

Fica claro que pensamos uma coisa mas fazemos outra.

Quando você vê uma pessoa falando uma coisa e fazendo outra, você confia nela?

Há pessoas nas quais acreditamos e outras em que não acreditamos. Gostaria que você na próxima semana aprofundasse essa questão da confiança.

Confio no outro?
Confio em mim?
Confio em Deus? Que Deus? Fora, ou dentro?

Tenho atendido situações dolorosas: a cliente que apanhou dezoito anos do marido; o fundamento da história era a falta de autoconfiança, que vou fazer sem ele? Ele é ruim, mas como será sem ele? Ruim com ele, pior sem ele. Como vou fazer a manutenção da casa?

Todos os casos da Delegacia da Mulher têm aí suas raízes: falta de uma auto-estima saudável.

Por que ela fica ali? Permanece mesmo sendo espancada?

— Ah! Não tem para onde ir...

Não importam os fatos, o histórico básico é sempre o mesmo: "eu não me garanto".

Entra no clima do "eu garanto a minha experiência" e vamos para nosso exercício de hoje.

Fomos repassando todas as etapas: limpeza, expansão da aura, percepção, contato e manifestação. Sempre estimulando, encorajando a percepção hoje abrimos espaço para a manifestação.

Uma das meninas emprestou voz ao seu amigo espiritual:

"Estamos trabalhando conjuntamente.

Gostaríamos que vocês soubessem que houve um rearranjo molecular neste aparelho... na linguagem de vocês houve uma mudança de atitude; na atitude anterior havia uma estrutura molecular. Em outra atitude, existe outra estrutura molecular.

Existe uma alteração energética mental, diferente, flutuante e inadequada que estamos procurando averiguar.

O centro energético, o centro de forças está deslocado...

O aparelho necessita de equilíbrio de forças.

Hoje a nossa aproximação tem essa finalidade — equilibrar os centros de força.

Imaginem um campo com estacas enormes. As estacas podem se tornar pára-raios. Quando as estacas estão tortas pode haver descargas erradas.

Através das estacas pode uma energia enviada displicentemente matar uma planta, dificultar o crescimento... Assim se dá em nosso trabalho...

É preciso que os centros de força da médium estejam bem orientados, pois quando se der a captação dessa energia como se fosse um raio, essa energia possa ser benéfica e não provocar nenhum estrago.

Nosso contato depende das energias e das estacas (dos chacras). Faz-se necessário um realinhamento...

Estamos na lição do intercâmbio".

Agradecimento...

Despedida...

Encerrado o momento da manifestação fomos ao estudo da situação: o que a médium sentia fisicamente?

Frio?
Calor?
Respiração ofegante?
Outros sintomas?

E emocionalmente?

Confiante?
Triste?
Alegre?
Depressiva?
Etc.

E mentalmente?

Recorda-se?
Lembrança perfeita?
Lembrança leve?
Teve visão da entidade? Não teve?
De espaço astral?

Este estudo é para que possamos conhecer um pouco mais aquilo que ocorre durante o transe.

Alguns médiuns permanecem algum tempo após o término do transe ainda com alguma sensação captada do espírito comunicante, outros não. É como se usássemos um sabonete que alguns minutos depois do banho terminado ainda exalasse seu perfume.

Cada um fez suas considerações e eu pedi uma interpretação do conteúdo direcionada para o nosso desenvolvimento pessoal.

"Estamos trabalhando conjuntamente."

— Não é para esperarmos milagres, o trabalho é conjunto, requer participação.

"Gostaria que vocês soubessem que houve um rearranjo molecular neste aparelho."

— Molécula: a menor porção da matéria. Uma reorganização em nível infinitesimal havia ocorrido, no dizer do mentor, em razão da modificação de atitude. Mas isto fazia muito sentido, nossos encontros visavam exatamente esse alvo: modificação de atitudes — as minhas atitudes são pontos de conexão com o astral.

Se eu não posso gerenciar o plano astral, posso gerenciar minhas atitudes e através delas as minhas conexões.

"Existe uma alteração energética mental diferente, flutuante e inadequada."

— Uma forma-pensamento? Uma subpersonalidade, um intruso?

Fosse o nome que fosse, era inadequado; durante a semana a lição já era fazer o melhor possível. Essa era a mais importante parcela de ajuda a longo prazo: a auto-ajuda, a busca do próprio desenvolvimento.

"Uma energia enviada displicentemente."

— Onde estou sendo displicente para comigo? Talvez na recepção do que chega... qualquer um pode enviar displicentemente... eu é que preciso sair da linha da displicência.

"Centro energético deslocado."

— Várias ajudas externas... enquanto se providencia a interna. Ninguém pode ser o guardião do seu centro energético, a guarda dele é sua.

"Nosso contato depende das energias."

— De várias, mas as energias pelas quais podemos ser responsáveis são apenas as nossas.

Perguntei se a comunicação era significativa para a própria médium e para os demais participantes.

Foi um sim, único.

12ª aula

Revisão:

Tínhamos caminhado, era hora de uma auto-avaliação, de dar uma olhada no resultado.

Auto-estima é tema para uma encarnação e não apenas para alguns encontros, mas tínhamos em mãos farto material e a finalidade não era juntar, mas usar o material coletado. Era como ter comprado óculos, só comprar os óculos não basta, é preciso usá-los.

Cada um veio no momento adequado, na família portadora de estímulos adequados ao próprio desenvolvimento; vamos olhar a educação recebida na infância, como a possível na época; agora cumpre a cada um, uma faceta nova da educação — a auto-educação. Formamos nossa auto-estima a partir da infância, mas agora podemos reescolher aquilo que nos foi dado como valor.

Valor = aquilo que vale alguma coisa.

1ª questão: O que é que vale pra mim agora? O que tem importância para mim hoje? As críticas recebidas, a obediência aprendida?

Posso usar, ou não, os conceitos aprendidos em cada situação. A pergunta é: isto serve? É importante pra mim agora?

Eu sou inteligente e confio nas minhas próprias idéias, posso rever os valores guardados e opinar se ainda são valores.

Gostaria que cada um se colocasse:

— *Agora já não tem mais importância se papai era dominador e rigoroso.*

— *Eu sempre achei que a minha irmã fosse a favorita; agora isso não vale mais.*

— *Eu nunca fui capaz de dizer o que sentia...*

Cada um pode olhar o passado... Eu sabia que era só o começo, mas era um bom começo notar que as coisas, as pessoas, os fatos passados não têm poder sobre mim, a menos que eu permita.

— *Qual a relação disso com a mediunidade?*

— Quem se permite ser bombardeado por lembranças é presa fácil de processos obsessivos; quando alguém quiser infernizar tal pessoa basta fazê-la lembrar... o resto acontece por conta do processo.

2ª questão: Quem já se percebe dando conta do recado em alguma situação que não desempenhava antes?

— *Estou fazendo meu controle bancário sozinha.*

— *Eu não fiz muito, mas tenho vindo sozinha aos encontros.*

— Não julgue se muito ou pouco, apenas reconheça o processo.

— *A semana passada tomei coragem de dizer o que eu sinto; preparei um jantar para vinte pessoas no dia do aniversário do meu marido.*

— E o que você sente?

— *Me sinto explorada, ninguém ajuda nada...*

Relação com a mediunidade: o desenvolvimento da confiança é indispensável no surgir de um sentido novo em nossa consciência. Como encarar um universo novo sem confiança? É assustador.

A autoconfiança se constrói um pouco a cada dia e não só na situação mediúnica. Quando você já tem a confiança em si desenvolvida e se depara com uma captação mediúnica a adaptação é mais fácil.

Quem caminha com mais segurança, o aluno que tem confiança na aprendizagem ou o inseguro?

Confiar é ter conexão direta com Deus.

3ª questão: Alguém reconheceu em si, uma atitude que revele baixa auto-estima?

— *Percebi medo de arriscar, medo do novo.*

— *Não ficar do lado do que sinto.*

— *Notei que vejo o outro como inferior.*

Geralmente projetamos no outro nossa forma de interpretar a vida. Nós o interpretamos como inferior, como menos, o que não quer dizer que ele seja. Quando captar o lado menos feliz de alguém aproveite para pensar ou agir noutra direção e abençoe a diferença. Ele não é menos, é apenas diferente, está numa outra fase de evolução.

Lembre-se que a pessoa de baixa auto-estima tem conexões com entidades que elegeram o sofrimento como valor a ser considerado.

Há clientes que são médiuns videntes e chegam aqui queixando-se que vêem rostos tristes, cenas tristes.

Há clariaudientes que escutam lamúrias.

Tenho uma cliente que veio aqui por causa de uma vontade de chorar sem saber porquê. Afirmando que tem uma tristeza que não sabe de onde vem.

É uma tristeza captada, mas ela também abriga um pouco de tristeza em seu coração. Esqueceu-se de cultivar as situações alegres, expressa-se pouco, nunca a vi sorrir.

— *Você sempre faz alusão à sintonia.*

— É lei. Emissor e receptor precisam estar conectados, sem o que não há transmissão.

Atraímos consciências físicas e extrafísicas, atraímos recursos semelhantes, afins com a natureza de nossas idéias, nossas intenções.

Contato é sintonia.

4ª questão: Busquei mudar o que reconheci como baixa auto-estima? Ou não? É opcional, e só eu posso efetuar essa mudança?

— *Estou buscando, estou caminhando.*

— *Tem coisa que eu já consigo, por exemplo, barrar um pouco a crítica quando as executo. Eu me lembro sempre da frase "segundo os padrões de quem?".*

— *Eu quando falo ou ouço "não consigo" troco por "não quero" e observo como fica.*

À medida que a auto-avaliação acontecia eu observava o empenho, a maior soltura, a expressão daquilo que chamo de "sementes". Era importante que as pessoas se percebessem como capazes de mudar algo em si, que despertassem para a possibilidade de serem escultores da própria vida.

Com relação à mediunidade, quem crê em si está com a estrutura pronta para assumir o próprio "carma". É a modificação de conceitos ocorrendo dentro do ser, através de sua aprendizagem extraída da experiência.

5ª questão: O que reconhecei como auto-estima saudável em mim?

— *Que não esmoreço fácil, tanto tentei que agora não preciso chamar meu filho na hora do computador. Se ele aprendeu, eu posso também.*

— *Para mim foi importante saber aquela história que a raiva e o ódio são a matéria-prima da coragem, da iniciativa. Não estou mais me culpando por sentir raiva.*

Era bem o retrato de nossa educação "culpa de sentir". A natureza nos dotou de capacidade de sentir e nos culpamos por isso. Esta postura requer uma revisão.

Se nós ficamos confusos, cambaleantes diante dos sentimentos que carregamos, imagine como se sente a pessoa diante de fenômenos mediúnicos, principalmente se forem de efeito físico.

Portas que abrem,
luzes que acendem e apagam,
televisão que liga e desliga sozinha.

Uma vez apareceu aqui uma jovem senhora assustadíssima por que sua frigideira "andava" na cozinha, e ficou mais surpresa ainda quando eu aceitei o fato com naturalidade e ainda afirmei que isso não acontecia apenas na casa dela.

A compreensão, a sensação de acolhimento de não sentir-se um "excluído" na vida faz parte do laboratório.

A avaliação foi caminhando, as respostas demonstravam:

interesse intelectual,
participação ativa,
esclarecimento,
desenvolvimento da autodisciplina,
reconhecimento de diferentes níveis de auto-estima,
autocompreensão,
autodomínio conquistado em meio a crises,
inteligência mais lúcida,
comunicação mais clara.

Eu estava bem contentinha, embalada pelo encantamento natural do trabalho.

Depois de mais algumas questões:

No que me sinto competente?
Como encaro flexibilidade?
Aceitação (que é diferente de acomodação) é um item mais presente na minha vida?
Tenho treinado minhas habilidades de comunicação?

Depois destas questões fui deixando de apresentar os itens a serem respondidos para que houvesse um espaço de participação mais espontânea.

Os alunos completaram a frase:

O que ficou mais acentuado para mim (...).

As respostas chegaram:

— *Olhar para dentro!*

— *A história da sintonia, nunca estamos sozinhos...*

— *Esse jeito de ver mediunidade; agora entendo melhor o "apoio psicopedagógico".*

— *Olhar para a própria auto-estima é bom para qualquer pessoa, não só para médiuns.*

— *Para mim o que ficou mais evidente é que cada alma vive no ambiente espiritual que escolheu através do que pensa e do que sente.*

— *Gostei de saber que impulsos são para serem educados e não reprimidos.*

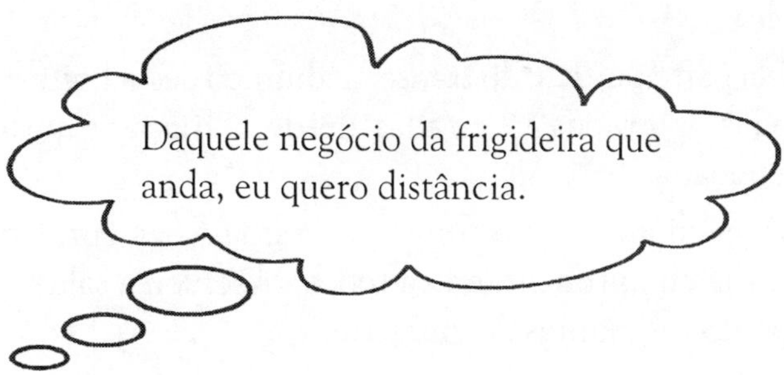

Em final de grupo sempre faço aquela recomendação de tia professora:

— Você se deu oportunidade de uma vez por semana estudar, refletir, de se conhecer mais profundamente. Continue, faça disso um hábito, diversifique, uma vez faça um curso, em outro momento assista a um filme, vá ao teatro, leia um livro, faça um passeio no parque, no jardim, visite uma pinacoteca, assista a um concerto, mas não se abandone, qualquer que seja a oportunidade escolhida tenha sempre a intencionalidade da aprendizagem, do desabrochar, do abrir espaços para a atuação do espírito.

Isto é espiritualização, ação do espírito, seja através da cultura, da arte, do trabalho, do estudo, da meditação, da reflexão, da prece.

Quando você for estudar, pense num deus estudando... quando você for trabalhar, pense numa divindade trabalhando através de você; quando for ensinar, é um deus embrionário ensinando, quando dançar é deus dançando.

O Invisível age através do visível.

Quando for atuar confie, a auto-estima saudável tem raízes na alma.

Cultive esse pensar, mas tenha em mente que é a ação que dá a última palavra, sem ela nenhum valor pode ser alcançado e mantido.

Na parte prática, do transe mediúnico desta noite, passamos por todas as etapas já citadas desde a limpeza áurica até a manifestação.

A médium de psicofonia emprestou voz à entidade que se manifestou cumprimentando a todos, observou a sala e disse que eram poucas as plantas do ambiente.

Explicou que viera para ajudar no trabalho de organização dos centros de força da médium (citado na semana anterior) mas também tinha vindo para aprender, ela e toda sua equipe. Disse que os que tinham vidência poderiam apreciar a beleza do ambiente astral... as cores. Avisou que não poderia se demorar porque havia mais um comunicador para se manifestar. Despediu-se.

Entendi que esta manifestação preliminar muito rápida era para nos comunicar o que acontecia no ambiente astral e que o envolvimento, o acoplamento áurico já se constituíam em uma ajuda para a organização dos centros de força da médium.

Apresentou-se o segundo comunicador, cujas palavras iniciais foram de suave cumprimento e prosseguiu:

— "Primeiro a compreensão da experiência. Absorção, vivência do que foi absorvido, assim se faz a consciência".

Enquanto ela transmitia as palavras do amigo espiritual eu observava a perfeita sincronicidade deste conceito de aprendizagem trazido neste término de curso:

> Necessidade da compreensão, os desistentes não compreenderam a nossa
> proposta por isso se ausentaram. Cabia a nós a compreensão, não a crítica.
> Absorção é mais que ouvir uma informação, é
> a vivência do que foi absorvido.
> Além de compreender se faz necessária a aplicação do compreendido no cotidiano.

Assim se faz a consciência:

> compreensão + absorção + vivência = consciência

Ele continuou:

— "No período em que estivemos ausentes pudemos verificar algumas alterações na predisposição molecular deste aparelho, verificamos também algumas alterações do ambiente e ainda provocamos algumas alterações no aparelho, que podem ser notadas em vibrações magnéticas no seu campo áurico, mas não sentida ainda no interior de seu corpo.

Existem agora predisposições terrenas facilitadoras da nossa comunicação".

Nós, aqui da esfera terrena, não tínhamos feito nada além de trabalharmos, de aperfeiçoarmos nossas atitudes, nosso modo de ser, nosso modo de operar na vida; quero dizer que não havia acontecido nenhum fato de caráter extraordinário, mas o amigo espiritual registrava: "existem agora predisposições terrenas facilitadoras"...

Buscar auto-estima saudável mudava nossa freqüência e o amigo espiritual continuou:

— "Estamos algo combinados com a energia do ambiente... Neste momento atraímos para este ambiente energias que lembram o fluir do magma; provavelmente vocês consigam registrar na forma de grande calor nos pés... Chega até vocês um magnetismo desconhecido, inesperado pelo conhecimento, mas esperado pelo espírito. Um conhecimento buscado e esperado.

O intento do grupo terreno é longínquo... pode receber ajuda, um intercâmbio".

Eu apenas pensei que tenho sede de conhecimento e como resposta ao meu pensar ele continuou:

— "Sabemos do gosto pelo aprender, mas este alimento para o seu ser deverá ser peneirado, decodificado e levado a outros seres. Tome tento, a transmissão pode ser mal-entendida"...

Perguntei se ele poderia dar alguma explicação.

— “Pergunte”.

— Dos encontros anteriores entendi que a mente é como um raio de luz, que passa e não fica. Entendi que ela vai, passa, vem e volta e que por isso é bom cultivar uma flexibilidade no pensar... Essa interpretação confere?

— “Existe uma tendência em focalizar a forma da mente e como ela se propaga.

Imagine a mente como um sol saindo por todos os lados, para todas as direções em linha reta.

Nós estamos mergulhados numa malha, num tecido de mentes. Sempre estamos na mente, somos a mente de todos nós (um conceito de mente única).

Imagine-se emitindo fagulhas de pensamento por todos os lados, principalmente na região encefálica... para todos os lados.

Sua mente faz isso. Todas as mentes fazem isso. Então, todos estão com todos. Permeados pelos dardos de energia mental, quer você queira, quer não queira, a mente dos outros está em você em linha reta. Você não desvia, você é penetrado. Pode permitir ou não.”

— Como funciona esse permitir ou não do seu ponto de vista?

— “O autoconhecimento do que é seu, do que é molecular seu. Quando a coisa é molecular sua; esse é o reconhecimento que se faz. Quando eu digo molecular me refiro não apenas à molécula do corpo carnal, mas molecular da sua parte espiritual.

Existe um *Self*, um reconhecimento, portanto, eu sei o que é meu molecular. Portanto, na hora em que tenho um dardo, que não é o meu, molecular, há um reconhecimento disso.

O seu corpo sabe fazer isso, reconhecer o que não faz parte dele e expulsar...

O pensamento se expande, vai para todos os lados, para todas as direções e permeia tudo... Somos permeados por essa expansão e esse permear é infinito."

Interrompi:

— Eu costumo dizer para o meu pessoal que esse pensar é como calçar sapatos, tem o sapato que serve e o sapato que não serve. Se servir, posso calçar, se não servir, não dá para calçar.

— "Isso é o que vocês chamam de consciência."

— A minha consciência me permite reconhecer aquilo que é meu, ou aquilo que não me pertence. Sempre que um aluno tem um contato mediúnico, levanta uma dúvida: é meu, ou não é meu, no que diz respeito à mensagem que transmite. Eu reverto a questão, observando que a grande interrogação não é: "é meu, ou não é meu", mas sim, se esta comunicação serve ou não serve?

Eu entendo que aquilo que me serve, é para mim (é meu) e aquilo que não me serve, não é para mim (não é meu); mas eu preciso me conhecer para poder fazer a distinção.

— "Isso é um processo evolutivo da consciência. Vocês estão à beira deste grande vôo. Alguns fazem de um modo denso, que vocês conhecem como telepatia, já entram com facilidade nas ondas dos outros. As pessoas que curam fazem isso. Você já faz isso."

Pensei cá com os meus botões, todo bom professor faz. E não é feio nem pecado me reconhecer como boa professora. Disse a ele:

— Percebo isto através das aulas.

Ele respondeu:

— "Não! Este atributo se desenvolve através da sua busca".

— Entendi.

— "Na sala de aula há um intercâmbio do seu querer, do seu conhecer que fica aberto ao querer e ao saber dos outros, que unidos com uma vontade imensa condensam-se e se tornam um canal que se esparge em todas as direções e penetra nos outros. Há então pessoas que não estão presentes em suas aulas, também beneficiadas, principalmente a da vizinhança; muitas vezes pessoas desconhecidas vistas ocasionalmente olham pra você com atenção, com carinho sem saber por que, pois o espírito deles recebeu seu ensinamento."

— À medida que você fala... quero ser bem honesta, vou fazendo uma peneira, vou contestando, vendo o que me serve... E à medida que você vem e se coloca...

Ele me interrompeu:

— "Somos"!

— Somos!... Fica em mim uma forte impressão, um estímulo para pensar e elaborar aquele assunto explanado; há uma reação, uma mobilização de energia e parece-me que espalho isso. É assim que você percebe?

— "Esse é o objetivo. O seu objetivo."

— Quando estou elaborando essas idéias em outros momentos, sinto como se você estivesse perto de mim. Digo você porque é o jeito que a gente tem de falar aqui. Eu sinto contato.

— "Somos."

— Esse contato é sempre feito através da mente?

— "Em parte."

— Qual é a outra parte?

— "Depende de como você considera a mente."

— Só tenho um jeito de me ligar a você: pensando em você, é como eu aciono a mente para lhe atingir.

— "Aprenda a pensar imaginando em torno da área encefálica uma coroa de raios que partem em todas as direções. Quando pensar, esparja, não se prenda, abra e espalhe tudo. Semelhante ao seu processo mediúnico. Abra-se. Ainda se tolhe muito.

Nós nos abrimos para receber.

No seu estado de relaxamento você já faz isso."

— Quando tenho uma emoção, a raiva, por exemplo, como isso interfere no processo do pensar, na sua visão?

— "Recolhe os seus raios."

— Diminuo o meu campo de atuação?

— "Você retira o contato. Imagine um polvo... imagine centenas num lugar pequeno, tentáculos com tentáculos, você recolhendo o seu, não tem contato com os outros. Quando você se abre o contato é maior."

— Isso quer dizer que quando tenho emoções...

— Depende da sua emoção; o ódio fecha, mas só o ódio maligno.

— Por que temos um ódio benigno, do tipo transformador?

— "Existe! O ódio é apenas uma emoção."

— Quando ele é transformador e quando é maligno? Separe, por favor, para eu entender melhor.

— "Todos estão se transformando, se estão construindo ou destruindo não sabemos.

Depende do ser. Mas você já tem suficiente evolução para perceber a construção ou a destruição, com imediata sensação. Ao perceber a sensação pare: "não quero demolir, quero construir". Tudo é válido, tudo existe, precisamos de tudo, tudo contém um arranjo, tudo contém uma energia e tudo é benéfico, saiba usar...

Não apenas tiramos a faca da criança, mas também ensinamos a usá-la no devido tempo. Estamos no tempo de ensinar a usar a faca."

— Entendo. Por vezes meus alunos me dizem "já sei, mas não consigo fazer"... Eu entendo que lhes falta coragem para a ação... É algo que cada qual precisa ir buscar lá dentro de si. É assim que você entende?

— "Retiro agora material da sua mente, um exemplo da sua vivência: as crianças ao aprenderem a escrever

> algumas pegam o lápis e escrevem,
> outras pegam o lápis, mas não escrevem,
> outras ainda pegam o lápis, e ele cai.

Todas escreverão, mas não adianta segurar na mão, não adianta falar para ela escrever...

Tem um tempo de maturidade...

Como vocês costumam dizer: a vida cobra.

Sempre vai chegar o tempo. Um dia a criança escreve.

É infalível a evolução do ser. Sempre.

Podemos ficar do seu lado, podemos estimular, podemos facilitar as coisas, podemos encorajar... mas o momento da flor abrir, só vem depois que a semente caiu na terra, germinou, depois que um dia virou uma planta, cresceu, surgiu um broto e depois a flor que por sua vez também se transforma.

É o intercâmbio do Universo numa evolução constante.

A flor transforma-se em fruto e o fruto alimenta e vira outro ser.

Tudo se transforma em todas as partes do Universo.

Eu (mentor) sou ela (médium) agora."

— Sim, você é ela agora e ela também é você.

— “Não! Ela não está consciente!”

— Entendi! Eu e você nos tocamos em pensamentos, através das idéias. Agora há um intercâmbio.

— “Há uma conexão.”

— Numa conexão consciente sou um pouco você e você é um pouco eu, senão não aconteceu nada.

— “Sempre! É a nossa idéia anterior, estamos sempre nos cruzando. Você permite esse intercâmbio, permitiu a conexão e quis esta conexão anteriormente e cá estamos.”

— E quando alguém não permite a conexão, qual é o processo?

— “Existe um processo de expulsão magnético-molecular “não quero!” e aquilo vai embora. Não basta um querer feito apenas de palavras. Você já faz isso com energias espirituais.”

— Exatamente por isso estou perguntando.

— “Mas para isso você se reconhece intensamente, você sabe o seu “eu intenso”. Você se firma no seu Eu, sabe que não existe necessidade de outro eu. Você intensifica seu campo de emoções e esse outro eu rapidamente se retira e procura outro lugar.

Nosso tempo está se encerrando porque o aparelho está se exaurindo.

Estamos finalizando neste instante a comunicação. Fiquem na Luz”.

Concluído o transe fomos para o estudo conjunto com a médium:

— Como se sente?

— Com frio.

— O que eu entendo como um gasto energético, um gasto de ectoplasma (material que permite a conexão do médium com o mundo extrafísico. Você se recorda do que foi comentado durante a psicofonia (transe)?

— Não me recordo do que foi falado, a última sensação que registrei era como se tivessem ligado um fio na minha cabeça e a partir disso vi algumas imagens de um lugar tranqüilo.

A sensação era de bem-estar, olhar aquele cenário me era benéfico. Mas agora, aqui sentada na sala outra vez, ainda que a sensação tenha sido benéfica eu não gostei do fato de não me recordar do que foi falado; pra mim essa situação é inédita. Estou sempre presente no transe, hoje estive ausente... não quero ficar ausente de mim.

— Pense na possibilidade de gravarmos o transe, o que entendo de bastante valia pois esse registro pode ser revisto, analisado tantas vezes quantas forem necessárias sob vários ângulos:

> alterações no timbre vocal,
> o gestual,
> a transfiguração (quando ocorre),
> o conteúdo integral da comunicação, o que permite uma revisão mais substancial do processo.

Pedi que cada aluno fizesse uma reflexão sobre o exercício feito na busca de: o que ficou de importante para mim?

A proposta de trabalhar doze encontros, com doze pessoas havia sido cumprida; com dez pessoas é verdade, pois duas foram antes do término do curso, o que não tinha a menor importância. Sempre é assim, iniciamos com um grupo maior que vai diluindo no decorrer dos encontros; em qualquer escola, essa é a rotina.

A sensação de "missão cumprida", de saber que havia ofertado as ferramentas para esta etapa do trabalho era muito agradável. Meu amigo espiritual costuma dizer que este é um caminho sem volta; creio que ele se refere ao caminho da iluminação.

Despedi-me do pessoal com um sorriso largo na face que refletia um sorriso largo do meu coração:

— Meus amores, façam a lição de casa todas as semanas, mesmo sem a tia professora por perto. Lembrem-se do recado da noite:

> compreensão + absorção + vivência = consciência
> (sem esquecer de observar o resultado do processo).

Até uma próxima oportunidade.

No consultório (orientação individual)

Não pensei que a próxima oportunidade fosse tão próxima.

Terminamos o curso numa segunda-feira, na terça encontrei uma das alunas, Ana Cláudia de volta na clínica.

— Boa tarde menina, esqueceu algum caderno?

— Não! Vim buscar lição específica para mim esta semana.

Ana Cláudia, quarenta anos, empresária bonita, alegre, bem vestida e em crise existencial, quer dizer, em dúvida, sem saber usar o livre-arbítrio, a capacidade de escolher...

Ana Cláudia narrou seu histórico, vinha de uma andança por consultórios psiquiatras, aqueles tradicionalistas com alguns diagnósticos (foco irritativo cerebral... elevado nível de excitabilidade, medo da perda do equilíbrio emocional — pessoa que tem dificuldade de aceitar qualquer limitação da realidade...).

À medida que ela foi desfilando o rosário de títulos, como boa tia professora, pedi que escrevesse cada nome daqueles com letra bem legível em uma folha de papel sulfite.

Ana Cláudia obedeceu: primeira folha: "foco irritativo". Prendi aquela folha nos seus cabelos como fita.

Na segunda folha, Ana Cláudia escreveu: "crises alucinatórias visuais" — deixei de lado.

Na terceira folha: "crises alucinatórias auditivas" — prendi no peito da moça.

"Medo da perda do equilíbrio emocional", "dificuldade de aceitar"... Fui prendendo as etiquetas enormes na roupa de Ana Cláudia e a que havia deixado reservada (as visuais) prendi na frente de seus olhos tapando-lhe a visão.

Ela foi aumentando a admiração, de forma bem humorada, à medida que fui etiquetando-a.

— Como você se sente assim etiquetada? Carregando esse peso todo?

— *Uma tonta! Entendi! Estou carregando o rótulo que os outros colaram em mim, além de tomar uma série de tarjas negras.*

— Tirar os rótulos faz parte do meu trabalho. A medicação há de ser acertada com seu médico. Sou da opinião que devemos trabalhar de forma harmônica e não de arrumarmos mais um conflito.

Você já percebeu que só carregar as etiquetas não adianta, às vezes fica apenas mais pesado o caminhar.

Ela havia entendido que a valorização não é para ficar centrada no diagnóstico, mas na cura.

Ana Cláudia foi descolando as etiquetas e eu fui guardando-as. Elas representavam a parte concreta de uma elaboração abstrata.

Pedi que me falasse das crises alucinatórias visuais.

— Comecei vendo vultos que apareciam de vez em quando, depois foram ficando mais freqüentes e começaram até a falar comigo. Era uma gente feia, mal-encarada e só falava coisas ruins.

Pedi que minha cliente se recordasse, sem críticas, da lição da freqüência, do emitir e receber idéias afins, de mentes semelhantes. Agora era hora de usar a raiva enquanto força de iniciativa. A iniciativa de olhar para dentro com coragem de atuar nos pontos fracos que encontrasse.

— O que você faz que julga feio na vida e repare que não é uma coisa só, é uma porção.

— *Como você adivinhou?*

Alcli está sempre por perto.

— Eu não adivinhei, ela falou.

— *Eu não ouvi nada disso!*

— Ana disse "só falavam coisas ruins". É plural. Fique atento, toda doença em qualquer nível é criada pela nossa maneira de infringir a consciência do bem dentro de nós.

— *Acho que é o meu comportamento, as coisas na nossa empresa não vão bem.*

— Nossa de quem?

— *Do meu marido, minha, do meu irmão, do irmão dele, da minha irmã...*

Ana tinha feito exatamente aquilo que é muito comum na nossa cultura, uma empresa familiar e naquilo que eu observava, com a disciplina do brasileiro, ou seja, nenhuma! Perguntei se cada um tinha função definida, horário definido, isto é, cada um no seu lugar, fazendo sua atividade, no seu horário.

— Ah! mais ou menos.

Não precisa ser nenhum médium vidente para sentir o clima numa empresa familiar onde as pessoas têm mais ou menos funções e mais ou menos horário, com mais ou menos atividades, há de fato grandes chances de as coisas na empresa não irem bem, na melhor das hipóteses caminharem mais ou menos.

Ana Cláudia continuou:

— Ando muito preocupada com essa situação.

Como eu não sei tratar de firmas alheias, meu enfoque era na moça e não na firma. Perguntei:

— Ana Cláudia, você gosta do que faz na empresa?

— *Lá todo mundo está na função errada.*

— Todo mundo não conta, quero saber se você está satisfeita?

— *Não! Eu gosto de outra coisa.*

— Por que não faz outra coisa?

— *No tempo que a firma estava melhor, eu não trabalhava lá, quando começou essa fase mais apertada, eu fui ajudar... cheguei lá, estava tudo errado, mas ninguém quer ouvir minhas sugestões.*

— E por que você continua indo?

— *Porque penso que eu desfrutei do lucro da firma, quando estava em melhor situação e agora se eu sair, vou me sentir culpada.*

— Você desenvolveu alguma habilidade necessária para a sua atividade na firma?

Fui desenvolvendo o nosso diálogo com vistas a que Ana Cláudia percebesse que a boa vontade destituída de habilidade de capacitação não era o caminho; que quando eu chego de repente numa empresa, mesmo que seja a mulher do sócio, preciso ir devagar.

A mulher do sócio não é sócia! É?

A mulher do sócio tem poder de gerenciamento?

Disse que em qualquer outra empresa que ela entrasse na condição de mulher do sócio, provavelmente seria barrada.

Imagine que você tenha um negócio qualquer, um salão de beleza, por exemplo, de parceria com a sua amiga. Um dia aparece o marido da amiga querendo gerenciar o salão, é viável?

É bonito isso?

Vamos buscar uma outra atitude? Olhando pelo lado mediúnico, ver uma coisa feia, está muito próximo de ver a vida de um modo feio, usar óculos do feio.

Podemos prestar nosso auxílio sim, mas com aquilo que temos de capacitação, quando nos for solicitado.

O sentimento de culpa me fala da vaidade, do parecer ser. Só a vaidade solicita aquilo que eu ainda não sou capaz.

O auxílio externo depende de condições internas.

Toda vez que me sinto culpada é porque estou agindo sob a luz da pretensão.

Pedi a Ana Cláudia que olhasse para dentro e procurasse descobrir com bastante honestidade:

> Se queria mesmo trabalhar na empresa?
>
> O que era ajuda?
>
> O que fora solicitado dela como ajuda, de forma clara?
>
> O que tinha efetivamente para ofertar como ajuda?

Falei a ela o que falo sempre: que as ajudas são todas bem-vindas (passe, rei-ki), mas sair da faixa da encrenca, da faixa de gente feia, mal-encarada era um trabalho de empenho próprio, que por mais estranho que pudesse parecer, olhar com honestidade para aquelas questões era um grande início.

✦

Uma semana depois, de lição feita, Ana Cláudia estava de volta, tinha organizado melhor as próprias idéias.

Querer, querer trabalhar lá, não queria, tinha outras aspirações; também ninguém tinha pedido para que ela fosse, ela tinha tomado a iniciativa, por julgar de utilidade sua presença ali. Horário rigoroso ela não cumpria, mas estava tentando.

No decorrer da história uma nuance aqui, outra acolá, foi ficando claro que Ana tinha um ciúme doentio do marido; trabalhar no mesmo lugar representava entre outras coisas um controle: que horas sai? Com quem almoça? A que horas chega? Tinha o hábito da crítica e de brinde apareceu com uma nova colocação, de vez em quando falava com voz rouca no meio da noite... às vezes lembrava, às vezes não. Era o marido que contava e contava que ela ficava muito brava com ele, mas não parecia ser ela...

Ana Cláudia é inteligente, entende fácil, mas a aplicação do que foi entendido (o conhecimento em ação)... Ah! Isso é outra coisa.

A compreensão que o ciúme é projeção já não é do domínio público.

— *Como assim? Ciúme é projeção?*

— Ciúme é um modo distorcido de ver a realidade.

Ciúme é uma idéia (campo mental), acompanhada de um sentimento (campo astral) de posse sobre o outro. É uma inveja, é uma falta de confiança em si (auto-estima precária).

A pessoa ciumenta sofre muito e é desagradável às demais. Quando nasce o segundo filho, o primeiro fica enciumado porque a mãe reparte a atenção. A criança depende muito do mundo externo para viver, para crescer, para se desenvolver.

Ao nascer, o segundinho requisita uma montanha de

cuidados e o primogênito tende a sentir que perde aquela atenção, em quantidade, então a criança sente-se insegura.

Isso é fácil de entender, não é?

Então resumindo: ciúme é insegurança, é medo de perder o carinho dos pais, que é vital, o que vai ocasionar a insegurança, a competição, a raiva.

— *Ah! Mas Ana Cláudia não é criança.*

— O que agrega à insegurança um outro componente: o sexo.

As crianças têm ciúmes do brinquedo, os adultos têm ciúmes sexuais, ciúmes dos parceiros.

— *Onde entra a projeção?*

— Nós aprendemos a não mostrar como somos, a esconder nossos medos e nossas vergonhas, bem como os nossos sentimentos, esconder o que supomos ser defeitos. Fazemos cara de contentes, como uma máscara; e tanto usamos isso que aprendemos a não ver a nossa verdade, fica um jogo de esconde-esconde.

Jogo ativado, a vida começa a se complicar, porque os problemas que são atirados para fora do cenário não são mais vistos, mas continuam precisando ser encarados, compreendidos e resolvidos conforme as possibilidades.

Quando não são encarados, os problemas ficam lá no fundo, jogados lá atrás das cortinas da consciência, e problema recalcado vira doença, ou vira uma situação fora de você.

Tudo aquilo que você esconde de você, aparece diante de você de uma forma indireta. Isto é projeção, ver fora o que não vejo dentro.

As pessoas têm desejos sexuais, aí rotulá-os de feios, sujos. Então passam a negá-los porque admiti-los é declarar-se suja, mundana; não raro a pessoa passa a achar que repressão é sinônimo de espiritualização, esquecendo-se que o impulso foi doado pela natureza.

Não há educação, orientação da situação, procuramos não ver, temos medo de sentir; fazemos uma idéia errada do natural, ignoramos a situação, mudamos o pensamento e resolvemos que tudo está resolvido... Aí o parceiro paga o pato, pois aquela repressão toda, projetamos no outro:

Você se pintou? Por quê?

Onde você vai com essa saia?

Onde esteve?

Que horas saiu do trabalho?

É aquela marcação cerrada; por outro lado têm aquelas que vão cheirar a camisa do marido, que vão à cartomante, revistam bolsos, celulares ou agendas em busca, sabe Deus, de quê? Ela não quer encontrar, mas busca, não é curioso o raciocínio?

É o desejo que a pessoa não aceita em si, então projeta nos outros, culpa os outros.

Esta é a cara do ciúme, é assim que o ciumento se trata por esconder de si uma coisa que sente.

Entender isso, Ana Cláudia entendia com o intelecto, mas na hora que o ciúme batia, era uma guerra, uma baixaria... Isso para médium de incorporação é um prato cheio, é uma plataforma para pouso de vampiros.

As coisas iam se encaixando: "gente feia, mal-encarada, que só falava coisas ruins".

— *Como escapar disso?*

— Corrija a pergunta: como educar isso? Não escapamos de nada, vamos aprendendo como podemos, segundo nossa disponibilidade. Tem gente que aprende fácil: só olha, observa o que está acontecendo ao seu redor e aprende só de observar; outros não, já viram que colocar a mão no fogo queima, mas precisam da sensação para assimilar a aprendizagem. Por isso muitos dizem que só a dor ensina. Discordo, a dor em si não ensina nada a ninguém, a dor só dói, machuca, cansa; a dor é um alerta para a pessoa mudar o rumo, quem muda é a pessoa, quando quer.

Com todas as letras não creio na dor como purificação, como renovação, como libertação. O Pai do Céu não é sádico, a natureza nos faz evitar a dor, é um impulso sair da dor, vencer obstáculos e buscar o prazer.

No presente caso a dor é causada pela forma de pensar de nossa cliente.

No caminho educacional havia uma sinalização, mudar a forma de pensar, e como ninguém pensa com a cabeça alheia, Ana Cláudia teria que pensar com a própria.

Eu sabia que quando fôssemos tentar deslocar essa forma-pensamento seria como colocar a mão no vespeiro: as idéias de insegurança são o sustentáculo de entidades inseguras. Estávamos prestes a retirar um ponto de conexão, havia vários...

Íamos de um em um, e a cada ponto conquistado tínhamos mais energia liberada a nosso favor. Subimos uma escada degrau por degrau.

Lição de casa da semana: Prece, relaxamento, boa vontade de cuidar-se.

Ir pra frente do espelho e dizer olhando nos próprios olhos:

> Cada um tem o direito de
> gostar de quem quiser,
> ir onde desejar
> e fazer o que tem vontade.
> Não sou dona do sentimento do outro.
> Não sou dona da emoção do outro.
> Não sou dona da vontade do outro

Não sou dona do destino do outro.

Estou dando a cada um o direito de ser. Amém!

Em outras palavras estávamos nos aventurando na conquista do território da auto-aceitação.

✦

Na semana seguinte Ana Cláudia não fez queixas do trabalho, o marido ocupou todo o cenário.

Fez a seguinte narrativa:

— Há quatro dias acordei e não fui para a empresa, fiquei rolando na cama e quando estava quase dormindo de novo, levei um choque e me assustei, um pensamento muito forte, quase uma voz martelava minha cabeça:

— "Ele não está na empresa. Ele não está na empresa...Vá lá ver... ele não está!" — dizia a voz.

Fiz uma força lá dentro para não ligar, para não dar atenção; mas a coisa era muito insistente, fui perdendo o controle... Não fui na empresa ver se ele estava lá, mas liguei... ele não estava... A voz começou a gritar na minha cabeça:

— "Não falei! Ele está enganando você".

Fiz força para não ouvir, lembrei da história do valor, da importância, e foi aquela briga interna, um lado pedindo para eu abandonar aquela voz, mas a voz falava mais alto:

— "Ele está enganando você! Continue buscando... Você vai encontra-lo".

Eu tentei o celular, uma, duas, cem vezes... Não sei quantas vezes seguidas durante horas até que consegui falar... Foi uma briga só, que continuou por mais dois dias.

Hoje amanheci em paz, mas vindo pra cá comecei a ouvir a voz novamente: "Vá na empresa... Vá na empresa... Vá ver o que acontece lá..." Chegar até aqui foi um ato de bravura.

— Como você está se sentindo agora, neste momento? — perguntei.

— *Estou me segurando para não repetir tudo de novo*.

— Quantas vezes você encontrou uma situação real, que "justificasse" um comportamento assim da sua parte?

— *Nunca!*

— Você já pensou como é chato conviver com você... com repentes de ciúmes, guerras e acusações?

— *Imagino!*

— Quero que você agora se atenha exclusivamente na sensação; entre naquilo que você está sentindo...

Ana Cláudia baixou as pálpebras, recostou-se na poltrona e foi entrando em transe: o ritmo respiratório foi ficando mais acentuado, a expressão do rosto transformou-se e ela trouxe à tona uma máscara de sofrimento, lágrimas rolaram pela face, num outro timbre vocal e pronuncia em tom raivoso:

— "Eu vou acabar com eles... Ele era meu até ela aparecer... mas eu vou acabar com eles, enquanto não conseguir, não abandono a empreitada."

Disse e refez a promessa duas ou três vezes.

Eu já havia participado de várias situações semelhantes, a

aproximação e a manifestação de uma consciência extrafísica tingindo o ambiente astral com as cores da revolta, da vingança. Pedi ao Pai do Céu inspiração, busquei um calorzinho no peito, acendi minha luzinha interna, melhor um fósforo que nada; sei que não é a fala ou a doutrinação que abranda um coração cheio de revolta, agora era hora da empatia voltada não só para Ana Cláudia, mas também para a sua "convidada".

É o calor que derrete o gelo.

É a compaixão que abranda a revolta

A intolerância demonstra uma visão pequena.

A "convidada" queria que as coisas fossem feitas à moda dela. Ana Cláudia também.

A convidada era ciumenta. Ana Cláudia também.

Minha cliente encarnada não se controlava, a cliente desencarnada também.

Ambas atormentavam o mesmo cidadão ostentando a bandeira da posse que confundiam com o sentimento do amor.

Era preciso compreendê-las, não criticá-las e envolvê-las com o melhor que eu tivesse, não o melhor apenas de intelecto, de discurso, mas o melhor do coração.

Busquei contato com os Mensageiros da Luz e fui transformando em palavras as idéias que chegavam:

— Você está feliz? Está bem?

— "Só vou ficar feliz quando destruir tudo."

— Isto chama-se vingança.

— "Isto chama-se justiça."

— A força da revolta, sem a luz do entendimento, só vai trazer tragédia, mais dor. Você pode dizer o que quiser, mas posso perceber o que você sente, e você não está feliz, sinto seu astral amargurado.

A informação é que você quer o controle sobre os outros porque não tem o controle sobre si. Aproveite a oportunidade porque você sabe que a "menina" (a médium) está buscando ajudar-se, e o processo de crescimento do ser, às vezes é retardado, mas nunca suprimido.

Aproveite e ajude-se também; o processo de crescimento pode ser conjunto.

Cada um colhe o que planta, ela está buscando transformar-se, é só uma questão de tempo.

A função da nossa inteligência é facilitar nosso desenvolvimento diminuindo a necessidade da dor nos vencer pelo cansaço.

Há tempos você carrega crenças afetivas que machucam: posse, domínio sobre o sentimento alheio e esqueceu-se do seu em relação a si; suas crenças foram construindo sua realidade.

Olhe para sua realidade agora, observe seus sentimentos agora: vingança, rancor, mágoa.

Proponho que a determinação, que já é uma conquista sua, seja usada para a aquisição de sentimentos mais gostosos de sentir. O que é mais gostoso sentir carinho ou rancor?

Deixa de confundir amor com posse sobre... ou dependência de... não fique num abandono interior, quando não usamos nossos músculos eles se atrofiam, quando não usamos nossas qualidades também ficam atrofiadas, é a lei do uso.

De quais sentimentos você tem feito uso nestes últimos anos? São esses que estão sendo nutridos. Se continuar a persistir neles... os efeitos também acompanham...

À medida que você deseja o mal para alguém você já se colocou na sintonia do seu desejo.

Somos as primeiras vítimas do nosso pensar.

No dia que o homem descobrir isso liberta-se do sofrimento.

O amor não é assim como você julga, um sentimento que vem pronto.

O amor não é espontâneo, é cultivado.

É potencial que se desenvolve, que se educado, vai acompanhando o desenvolvimento do ser, se torna nobre e requintado não ao acaso. Atravessa fases.

Pense: quem pode amar uma pessoa cruel?

Quem pode desejar uma pessoa rancorosa?

Atraímos para nossa vida afetiva nossos semelhantes.

Enquanto eu falava, as idéias que se transferiam para a expressão de Ana Cláudia foi se abrandando. Eu sentia uma atmosfera mais leve na sala...

A respiração de Ana Cláudia estava também mais suave e ela abriu os olhos retomando a vida de relação.

Como de hábito, fomos estudar o transe.

Ana Cláudia tinha noção do sucedido, sentira-se presente durante toda a comunicação o que facilitou a compreensão.

Quase sempre o cliente traz a noção que se ele entrar em transe ou se algum outro sensitivo transificar durante uma sessão, está tudo resolvido. Não está!

O transe alivia, ajuda, é catártico, mas não é a cura. O transe é uma atividade de "faxina" astral, é uma drenagem energética, neste caso.

— *Você sempre inventando!*

— E você sempre ouvindo e vamos corrigindo a frase "você sempre revendo, observando de outro ângulo".

Eu não inventei o transe, esse transitar entre duas dimensões é milenar...

Entre o corpo e o psiquismo há um universo bioenergético. Entenda tudo como grande pacote energético:

corpo é energia densificada;

emoção é energia;

pensamento é energia.

A energia é o denominador comum.

O transe permite uma atuação no universo energético do médium e da entidade manifestante, portanto é um instrumento auxiliar, um método, um caminho, uma técnica.

A cura é uma mudança de atitude. Mudança na forma de orientar as idéias, as crenças, o comportamento e acrescento que a auto-estima saudável é a cura em movimento, o transe atua com o outro a atitude psíquica e interna.

A cura é de dentro para fora.

No caso de Ana Cláudia não seria diferente.

Após o transe geralmente o médium tem uma sensação de alívio, o que se confunde com cura.

Perguntei a Ana Cláudia:

— Como você está se sentindo emocionalmente? Está ainda "se segurando" como no momento da chegada?

— *Não! Estou mais tranqüila. Sabe, quero contar que há muitos anos quando conheci meu marido, ele tinha uma namorada que eu não conheci, mas ouvi dizer que havia um namoro paralelo.*

Briguei, desabafei e ele disse que havia uma ligação mas que já tinham terminado e ele não falou nada pra mim, para não dar confusão. Eu me senti traída.

— Menina! Observe se na época você não assinou um pacto com a desconfiança eterna.

— *É muito provável!*

— Agora recorde-se de tudo que levantamos sobre aceitação, natureza de cada um, e principalmente firmeza.

Parece-me que jogou sua firmeza no ciúme; sugiro que essa firmeza seja aplicada em "não sou dona do sentimento do outro, da vida do outro".

Existe um cheiro de promiscuidade afetiva no ar. Cada um querendo mandar na emoção alheia.

Ana retoma a fala:

— Mais tarde eu soube que a ex-namoradinha havia morrido. Agora revendo a história... foi daí pra frente que comecei a ouvir essa voz que me induz à crise de ciúme.

— Corrija a frase: que eu permito que me induza à crise, você está se colocando de vítima de uma voz que vem só Deus sabe de onde.

Não importa se é obsessor, verdugo, vingador, ou o nome que se quiser dar... Você valoriza a voz que chega. Por que você não valoriza minha voz, que pelo menos é audível a todos? E você está aqui pra isso, ou não?

A expressão do olhar da moça me contou que estávamos na direção correta... Ela havia despertado alguma coisa lá dentro — a semente da cura.

A semente não dá frutos instantâneos... havia ainda um caminho a ser percorrido, mas a partida do "Rali Dakar" já havia sido dada.

Um transe é um encontro existencial onde dar e receber é a grande chave, é via de mão dupla.

Respeitamos outras posturas, mas adotamos essa proposta pedagógica do cliente aprender a lidar com a sua situação, ao invés de ser intermediado por outros médiuns, porque a entidade está conectada nele e não no outro médium; o outro médium já aprendeu o controle de freqüência... tudo tem sua finalidade, mas é como ler carta para analfabeto; só o fato de eu ler a carta, não alfabetiza você; para que você tenha independência é preciso que você aprenda a ler... você não vai me levar dentro da sua bolsa para que eu esteja disponível vinte e quatro horas por dia...

No transe você recebe e emite informações sobre pensamentos e sentimentos.

No seu caso você só recebe, não emite, só sofre a ação, é como se o telefone tocasse e você apenas atendesse e obedecesse. Submissão pura e simples é auto-estima deficitária. Não podemos "tirar a voz" com a mão, mas podemos reelaborar nossos conceitos.

Quero que num futuro muitíssimo próximo você:

> capte a informação,
> analise a informação,
> valorize ou não a informação com um juízo crítico
> como quem recebe um e-mail.

Não é porque um e-mail traz uma oferta de televisor, de tal marca, com tantas polegadas, etc., que você irá comprá-lo. Que você faz com e-mail sem finalidade? Apaga? Pede que seja retirado da lista do anunciante ou entra numa crise histérica cinco estrelas? Ah! Também quero lembrar que o médium é uma pessoa altamente impressionável pela sua própria natureza, ou não seria médium; portanto atenção redobrada...

Chegue o que chegar pelo canal da mediunidade pergunte-se sempre: isto serve pra mim?

Se serve ótimo. Se não serve, é o aviso que estou andando em território de areia movediça e é hora de mudar a direção.

Temos capacidade para aprender tudo o que precisamos.

— *Você está cutucando a coragem dela?*

— Estou trabalhando simultaneamente com tudo:

a coragem de assumir seus pontos fracos, aceitando a situação "sou ciumenta",

a possibilidade de lidar com as próprias necessidades,

a intenção da transformação,

a firmeza de se conduzir para uma situação melhor.

— *E a integração?*

— Ela vai incorporando um pouco a cada dia...

Voltei a colocar as etiquetas sobre a mesa: "crises alucinatórias auditivas, "dificuldade de aceitar", e perguntei:

— Que faremos com elas?

Ana Cláudia amassou-as e depositou-as no lixo da sala. E perguntou:

— *Aparecida! e a outra etiqueta: "medo da perda do equilíbrio emocional?".*

— Ninguém perde o que não tem!

✦

Trabalhamos muitas tardes juntas, algo em torno de um ano.

Ana Cláudia não voltara a trabalhar na empresa, e a firma não faliu, ela gostava mais de dar aulas, de dedicar-se à arte.

O "encosto" desencostou.

Tudo indicava que teríamos um período de calmaria.

Uma tarde ela anunciou uma viagem de férias, abri a gaveta e tirei "medo da perda de equilíbrio emocional".

Ana Cláudia olhou, e bem humorada falou sorrindo:

— *Posso não ter o dito equilíbrio, mas não posso ter medo de perder o que não tenho.*

Na despedida, Ana Cláudia interrogou:

— *Quando marco a próxima consulta? Você vai sair de férias também?*

— Marque só quando sentir necessidade.

A moça saiu...

Eu fiquei acalentando uma idéia muito grata: o resultado do processo de aprendizagem é sempre gratificante.

O crescimento, a conscientização é resultado de um processo de aprender, e aprendemos de forma participativa ou de forma passiva.

O modo participativo é quando usamos dos instrumentos de que dispomos, nas situações que a vida nos dá, com boa vontade, com aceitação, com coragem, com ânimo, fazendo daquela situação um convite ao crescimento do meu potencial. Esta é uma postura da minoria; a maior parcela da população é mestra em reprimir problemas, em jogá-los atrás do muro.

— *E a forma passiva?*

— É quando não cabe mais nada atrás do muro, aí ele desaba na minha cabeça; é a forma atada ao sofrimento (dor, doença, acidente, desgraças). Então praguejamos, nos sentimos injustiçados e culpamos o governo, a natureza, Deus, o destino, mas a conseqüência sobra pra mim.

O que eu posso aprender com esta situação? Ou o que eu preciso aprender, pois a situação se repete, se repete, se repete...

Há uma habilidade a ser desenvolvida em cada esquina da vida. Ficar atento integrando o material aprendido é uma atitude de inteligência, cansativa no início. O conhecimento vai exigir prática, implica em mudança.

A vida não admite o "não-aprender", a aprendizagem está acima do livre-arbítrio.

O destino é muito mais do que um poder imensurável, caprichoso ou ameaçador; observo-o como altamente pessoal, como resultado da nossa própria elaboração.

Ana Cláudia era um exemplo vivo disso — mas essa é uma verdade incômoda para quem quer declinar da própria responsabilidade.

A idéia é: através da auto-estima usufruir mais da força do Espírito no cotidiano, tudo vem da Essência e ligado nela tudo é mais fácil.

— Acorda! Mulher! A recepcionista já avisou que o próximo cliente está aguardando!

Sucessos de *ZIBIA GASPARETTO*

Crônicas e romances mediúnicos.
Mais de dez milhões de exemplares vendidos. Há mais de quinze anos, Zibia Gasparetto vem se mantendo na lista dos mais vendidos, sendo reconhecida como uma das autoras nacionais que mais vendem livros.

Crônicas: Silveira Sampaio

- Pare de Sofrer
- O Mundo em que Eu Vivo
- Bate-Papo com o Além
- O Repórter do Outro Mundo

Crônicas: Zibia Gasparetto

- Conversando Contigo!
- Eles Continuam Entre Nós

Autores Diversos

- Pedaços do Cotidiano
- Voltas que a Vida Dá

Romances: Lucius

- O Amor Venceu
- O Amor Venceu (em edição ilustrada)
- O Morro das Ilusões
- Entre o Amor e a Guerra
- O Matuto
- O Fio do Destino

- Laços Eternos
- Espinhos do Tempo
- Esmeralda
- Quando a Vida Escolhe
- Somos Todos Inocentes
- Pelas Portas do Coração
- A Verdade de Cada Um
- Sem Medo de Viver
- O Advogado de Deus
- Quando Chega a Hora
- Ninguém é de Ninguém
- Quando é Preciso Voltar
- Tudo Tem Seu Preço
- Tudo Valeu a Pena
- Um Amor de Verdade
- Nada é Por Acaso
- O Amanhã a Deus Pertence
- Onde Está Teresa?
- Vencendo o Passado

Sucesso de *SILVANA GASPARETTO*

Obra de autoconhecimento voltada para o universo infantil. Textos que ajudam as crianças a aprenderem a identificar seus sentimentos mais profundos tais como: tristeza, raiva, frustração, limitação, decepção, euforia etc., e naturalmente auxiliam no seu processo de autoestima positiva.

- Fada Consciência

Sucessos de *LUIZ ANTONIO GASPARETTO*

Estes livros vão mudar sua vida!
Dentro de uma visão espiritualista moderna, estes livros vão ensiná-lo a produzir um padrão de vida superior ao que você tem, atraindo prosperidade, paz interior e aprendendo acima de tudo como é fácil ser feliz.

- Atitude
- Faça Dar Certo
- Se Ligue em Você (adulto)
- Se Ligue em Você – nº 1 (infantil)
- Se Ligue em Você – nº 2 (infantil)
- Se Ligue em Você – nº 3 (infantil)
- A Vaidade da Lolita (infantil)
- Essencial (livro de bolso com frases de autoajuda)
- Gasparetto (biografia mediúnica)
- Prosperidade Profissional
- Conserto Para uma Alma Só (poesias metafísicas)
- Para Viver Sem Sofrer

Série AMPLITUDE
- Você está Onde se Põe
- Você é Seu Carro
- A Vida lhe Trata como Você se Trata
- A Coragem de se Ver

CALUNGA
- "Um Dedinho de Prosa"
- Tudo pelo Melhor
- Fique com a Luz...
- Verdades do Espírito

LUIZ ANTONIO GASPARETTO EM CD

Aprenda a lidar melhor com as suas emoções para conquistar um maior domínio interior.

Série PRONTO SOCORRO

Autoajuda

1 – Confrontando o Desespero
2 – Confrontando as Grandes Perdas
3 – Confrontando a Depressão
4 – Confrontando o Fracasso
5 – Confrontando o Medo
6 – Confrontando a Solidão
7 – Confrontando as Críticas
8 – Confrontando a Ansiedade
9 – Confrontando a Vergonha
10 – Confrontando a Desilusão

Série VIAGEM INTERIOR (vols. 1 a 4 e vols. 5 a 8)

Autoajuda • Exercícios de Meditação

Por meio de exercícios de meditação, mergulhe dentro de você e descubra a força de sua essência espiritual e da sabedoria. Experimente e verá como você pode desfrutar de saúde, paz e felicidade desde já.

- **Prosperidade**
- **A Eternidade de Fato**

Série CALUNGA
Autoajuda

- Prece da Solução
- Chegou a Sua Vez!
- Presença
- Tá Tudo Bão!
- Teu Amigo

Série PALESTRAS
Autoajuda

- S.O.S. Dinheiro
- Mediunidade
- O Sentido da Vida
- Os Homens
- Paz Mental
- Romance Nota 10
- Segurança
- Sem Medo de Ter Poder
- Simples e Chique
- Sem Medo de Ser Feliz

Série REALIZAÇÃO
Autoajuda

Com uma abordagem voltada aos espiritualistas independentes, eis aqui um projeto de 16 CDs para você melhorar. Encontros com o Poder Espiritual para práticas espirituais de prosperidade. Nesta coleção você aprenderá práticas de consagração, dedicação, técnicas de orações científicas, conceitos novos de forma espiritual, conhecimento das leis do destino, práticas de ativar o poder pessoal e práticas de otimização mental.

Série VIDA AFETIVA

Autoajuda

1 – Sexo e Espiritualidade
2 – Jogos Neuróticos a Dois
3 – O que Falta pra Dar Certo
4 – Paz a Dois

Série LUZES

Autoajuda • Coletânea com 8 CDs • Volumes 1 e 2

Este é um projeto idealizado pelos espíritos desencarnados que formam no mundo astral o Grupo dos Mensageiros da Luz. Por meio de um curso ministrado no Espaço Vida & Consciência, pela mediunidade de Gasparetto, eles nos revelaram os poderes e mistérios da Luz Astral, propondo exercícios para todos aqueles que querem trabalhar pela própria evolução e melhoria do planeta. Nesta coletânea, trazemos essas aulas, captadas ao vivo, para que você também possa se juntar às fileiras dos que sabem que o mundo precisa de mais luz.

Série ESPÍRITO

Autoajuda

1 – Espírito do Trabalho
2 – Espírito do Dinheiro
3 – Espírito do Amor
4 – Espírito da Arte
5 – Espírito da Vida
6 – Espírito da Paz
7 – Espírito da Natureza
8 – Espírito da Juventude
9 – Espírito da Família
10 – Espírito do Sexo
11 – Espírito da Saúde
12 – Espírito da Beleza

Série PALESTRA
Autoajuda

1 – Meu Amigo, o Dinheiro
2 – Seja Sempre o Vencedor
3 – Abrindo Caminhos
4 – Força Espiritual

LUIZ ANTONIO GASPARETTO EM DVD

O MUNDO EM QUE EU VIVO
Autoajuda

Momentos inesquecíveis da palestra do Calunga proferida no dia 26 de novembro de 2006 no Espaço Vida & Consciência.

OUTROS AUTORES (Nacionais)

Conheça nossos lançamentos que oferecem a você as chaves para abrir as portas do sucesso, em todas as fases da sua vida.

LOUSANNE DE LUCCA
- Alfabetização Afetiva

MARIA APARECIDA MARTINS
- Primeira Lição – "Uma cartilha metafísica"
- Conexão – "Uma nova visão de mediunidade"
- Mediunidade e Auto-Estima

VALCAPELLI
- Amor Sem Crise

VALCAPELLI e GASPARETTO
- Metafísica da Saúde

  Vol. 1: sistemas respiratório e digestivo
  Vol. 2: sistemas circulatório, urinário e reprodutor
  Vol. 3: sistemas endócrino (incluindo obesidade) e muscular
  Vol. 4: sistema nervoso (incluindo coluna vertebral)

FLAVIO LOPES
- A Vida em Duas Cores

MECO SIMÕES G. FILHO
- Eurico – um urso de sorte (infantil)
- A Aventura Maluca do Papai Noel e do Coelho da Páscoa (infantil)

MAURÍCIO DE CASTRO (pelo espírito Hermes)
- O Amor Não Pode Esperar

RICKY MEDEIROS
- A Passagem
- Quando Ele Voltar
- Pelo Amor ou Pela Dor...
- Vai Amanhecer Outra Vez
- Diante do Espelho

LEONARDO RÁSICA
- Fantasmas do Tempo – Eles Voltaram Para Contar
- Luzes do Passado

VERA LÚCIA CLARO
- Stef – A Sobrevivente

LILIANE MOURA
- Viajando nas Estrelas

LUCIMARA GALLICIA
- Sem Medo do Amanhã

MÁRCIO FIORILLO (ditado por Madalena)
- Em Nome da Lei

MARCELO CEZAR (ditado por Marco Aurélio)
- A Vida Sempre Vence
- Só Deus Sabe
- Nada é como Parece
- Nunca Estamos Sós
- Medo de Amar
- Você Faz o Amanhã
- O Preço da Paz
- Para Sempre Comigo
- A Última Chance

MÔNICA DE CASTRO (ditado por Leonel)

- Uma História de Ontem
- Sentindo na Própria Pele
- Com o Amor não se Brinca
- Até que a Vida os Separe
- O Preço de ser Diferente
- Greta
- Segredo da Alma
- Giselle – A Amante do Inquisidor
- Lembranças que o Vento Traz
- Só por Amor
- Gêmeas

OUTROS AUTORES (Internacionais)

Arrisque-se para o novo e prepare-se para um surpreendente caminho de autodescoberta.

JOHN RANDOLPH PRICE

- O Livro da Abundância

SANDRA INGERMAN

- Resgate da Alma

SANKARA SARANAM

- Deus Sem Religião

ELI DAVIDSON

- De Derrotada a Poderosa

JOAN SOTKIN

- Desenvolva Seus Músculos Financeiros

INFORMAÇÕES E VENDAS:

Rua Agostinho Gomes, 2312
Ipiranga • CEP 04206-001
São Paulo • SP • Brasil
Fone / Fax: (11) 3577-3200 / 3577-3201
E-mail: editora@vidaeconsciencia.com.br
Site: www.vidaeconsciencia.com.br